Λιχουδιές και μυστικά για παιδιά που δεν τρώνε

Ρενα της Φτελιας
Σεφ - Συγγραφέας

Συμβουλεύουν οι γιατροί

Παυλος Σακκας
Καθηγητής Ψυχιατρικής ΕΚΠΑ

Γιωργος Μουστακας
Παιδίατρος

© Copyright 2018 Ειρήνη Τόγια
All rights Reserved

COPYRIGHT 2018
© Ειρήνη Τόγια

ΤΙΤΛΟΣ
Λιχουδιές και μυστικά για παιδιά που δεν τρώνε

ΣΥΓΓΡΑΦΕΑΣ
Ρένα της Φτελιάς

ΣΥΜΒΟΥΛΕΥΟΥΝ ΟΙ ΓΙΑΤΡΟΙ
• Παύλος Σακκάς, *καθηγητής ψυχιατρικής ΕΚΠΑ*
• Γιώργος Μουστάκας, *παιδίατρος*

ΦΩΤΟΓΡΑΦΙΕΣ
Βαγγέλης Πατεράκης • Ευστράτιος Χαβαλετζής • Adobe Stock • Pixabay • Pexels • Burst • Λεωνίδας Στεργίου

ΕΚΔΟΣΗ
Stergiou Limited
Suite A, 6 Honduras St., London EC1Y 0TH, United Kingdom
publications@stergioultd.com
www.stergioubooks.com

Ελληνικά (Μάρτιος 2018)
ISBN: 978-1-912315-16-1
ePub ISBN: 978-1-912315-17-8

Αγγλικά (Ιούλιος 2018)
ISBN: 978-1-912315-18-5
ePub ISBN: 978-1-912315-19-2

ΔΙΑΝΟΜΗ ΕΛΛΑΔΑ ΚΑΙ ΕΞΩΤΕΡΙΚΟ
Stergiou Limited • Ingram

All rights reserved.

Ρένα της Φτελιάς

Ευχαριστίες

Ευχαριστώ θερμά τον καθηγητή ψυχιατρικής Παύλο Σακκά και τον παιδίατρο Γιώργο Μουστάκα που πίστεψαν και στήριξαν το βιβλίο αυτό με τις επιστημονικές τους γνώσεις.

Αφιέρωση

Στην εγγονή μου Ρένα.

Περιεχόμενα

Πρόλογος 14

Πώς να διαβάσετε το βιβλίο 15

Ενότητα 1
Η συμβουλή των ειδικών

Οι αιτίες, τα συχνότερα λάθη της οικογένειας και πρακτικές συμβουλές.

16

Η γνώμη του ψυχιάτρου Παύλου Σακκά   18

    Το παιδί που δεν τρώει: Η μάχη εξουσίας
και ο κίνδυνος της ψυχογενούς ανορεξίας   18

Η γνώμη του παιδιάτρου Γιώργου Μουστάκα   30

    Κάντε το παιδί σας να αγαπήσει το φαγητό:
Μύθοι και αλήθειες για τις «καλές» και «κακές»
τροφές   30

    10 συμβουλές   39

Ενότητα 2
Λιχουδιές από τη Ρένα της Φτελιάς

Στόχος, τα παιδιά να αγαπήσουν το φαγητό.

Σνακ: Φρουτένια μερέντα	47
Σνακ: Σοκολατάκια δαμάσκηνο	49
Γεύμα: Ψαροκεφτεδάκια	51
Γεύμα: Τοστ μουτράκι	53
Σνακ: Σοκολατένια μπισκότα	55
Γεύμα: Φακή κρέμα	57
Γεύμα: Μπιφτέκια με λαχανικά	59
Σνακ: Κεκάκια με τυριά	61
Γεύμα: Αφράτη ζύμη με κιμά	63
Γεύμα: Μπιφτέκια με ψητές ντομάτες	65
Γεύμα: Παιδική πίτσα	67
Γεύμα: Κοτόπουλο με μακαρονάκι	69
Γεύμα: Ψαρόσουπα	71

Περιεχόμενα

Πάρτι: Τούρτα αλμυρή — 73

Σνακ: Κριτσινάκια με τυρί — 75

Σνακ: Μπισκότα αλμυρά — 77

Γεύμα: Ρολάκια με ομελέτα — 79

Σνακ: Μπανάνες με σοκολάτα — 81

Γεύμα: Βαρελάκια — 83

Σνακ - Συνοδευτικό: Ψωμάκια με καρύδι — 85

Γεύμα: Κροκέτες κοτόπουλο — 87

Γεύμα: Σουβλάκια — 89

Γεύμα: Κοτόπουλο στο φούρνο — 91

Γεύμα: Μήλα γεμιστά με κιμά — 93

Γεύμα: Γιουβαρλάκια της γιαγιάς — 95

Σνακ: Τηγανίτες με τρίμμα σοκολάτας — 97

Γεύμα: Σπανακόρυζο — 99

Γεύμα: Πατατούλες με φέτα — 101

Γεύμα: Σπανάκι με τυριά — 103

Σνακ: Ομελέτα με μέλι — 105

Ενότητα 3
Ένας μπαμπάς καταθέτει την εμπειρία του

Προσοχή! Όχι στον άνηθο	108
Πέτυχε! Απλό και σίγουρο	109
Γρήγορο και εύκολο: Κρέμα βανίλια	110
Μεζές για να φάνε καρότα: Με πιλάφι ή πατάτες	111
«Αντιγραφές»: Επιθυμητή εμφάνιση πιάτου	112
Σωστό «πλασάρισμα»: Μικρές ποσότητες	113
Μνήμες: Πιάτο που θυμίζει καταστάσεις	114
Φαντασία: Ένα μπριάμ που έγινε... μουσακάς	115
Κατσίκι γιουβέτσι; Μπλιαχ! - Ελάτε να το μαγειρέψουμε	116
Πίτσα με λαχανικά	117
Γλυκό ή αλμυρό σνακ - Λουκουμάδες	118
Η χαρά της δημιουργίας: Κλασσικά γεμιστά	119
Δημιουργική σύνθεση: Πρωτεΐνη και ίνες	120

Περιεχόμενα

Ενδιαφέρον πείραμα: Μία ωραία αποτυχία   121

Η μονοτονία σκοτώνει: Πιτσάκια φατσούλες   122

Ένα αλλιώτικο πρωινό: Αυγά και φρούτα   123

Φρούτα: Ιδέες από Χάλογουιν   124

Σπιτικά χάμπουργκερ για πάρτι   125

Πανεύκολη σπιτική κέτσαπ   126

Όταν τίποτα άλλο δεν πιάνει, τότε πάμε στον... νεροχύτη   127

Ενότητα 4
Πραγματική ιστορία

Τέλος στο μαρτύριο του φαγητού ύστερα από... 35 χρόνια.

128

Μια προσωπική αφήγηση   130

Ενότητα 5
Πρακτικός οδηγός

15 χρήσιμες συμβουλές και άλλες τόσες που πρέπει να βρείτε με τους ειδικούς.

140

Βιβλιογραφία 148

Πρόλογος

Όταν έγινα προσφάτως γιαγιά, έζησα ξανά τον καθημερινό αγώνα πολλών γονέων προκειμένου να είναι σίγουροι ότι τα παιδιά τους τρέφονται επαρκώς και σωστά.

Το βιβλίο αυτό ξεκίνησε ως μια συλλογή με ακαταμάχητα γευστικές συνταγές, ιδανικές για τα παιδιά που λέμε «κακόφαγα». Όσο περισσότερο αναζητούσα πώς διεγείρεται η όρεξη των παιδιών, τόσο γινόταν σαφές πως εξίσου σημαντικοί με τη γεύση είναι και άλλοι παράγοντες, σχετικοί με την ψυχολογία και τη βιολογία του παιδιού. Εξ ου και η συνδρομή των καταξιωμένων ειδικών που συμπληρώνουν με τις πολύτιμες συμβουλές τους την έκδοση αυτή.

Ελπίζω να βρείτε το βιβλίο χρηστικό, και εύχομαι το τραπέζι να είναι πάντα πηγή ευχαρίστησης και χαράς για όλη την οικογένεια!

Καλή ανάγνωση,

Ρένα

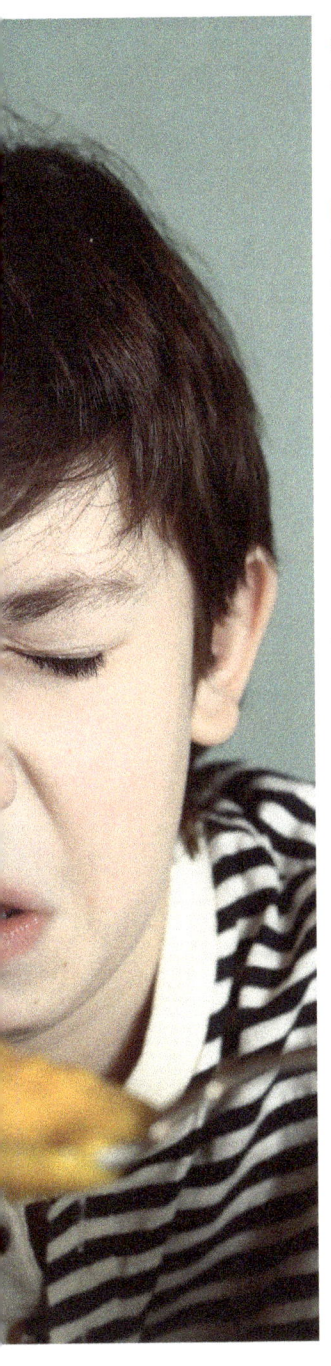

Πώς να διαβάσετε το βιβλίο

Η πρώτη ενότητα κάνει εισαγωγή στο θέμα της ανορεξίας στα παιδιά. Ο καθηγητής Ψυχιατρικής του Πανεπιστημίου Αθηνών Παύλος Σακκάς και ο παιδίατρος Γιώργος Μουστάκας παρουσιάζουν τις αιτίες και συμβουλεύουν για την αντιμετώπιση του προβλήματος.

Η δεύτερη ενότητα παρουσιάζει γευστικές προτάσεις για «δύσκολα» παιδιά στο φαγητό από τη διεθνούς φήμης και πολυβραβευμένη σεφ, μητέρα και γιαγιά, Ειρήνη Τόγια, γνωστή ως Ρένα της Φτελιάς.

Στην τρίτη ενότητα θα διαβάσετε κόλπα που έχουν σκαρφιστεί γονείς για να κάνουν τα πιάτα πιο υγιεινά και ελκυστικά για τα παιδιά τους.

Η τέταρτη ενότητα περιλαμβάνει μία πραγματική ιστορία ενός πατέρα που ήταν δύσκολο παιδί με το φαγητό. Οι ειδικοί σχολιάζουν την αυτοψυχανάλυση προσφέροντας επιπλέον πληροφορίες.

Η πέμπτη ενότητα αποτελεί έναν πρακτικό οδηγό, με συμβουλές.

Ενότητα 1

Η συμβουλή των ειδικών

Οι αιτίες, τα συχνότερα λάθη της οικογένειας και πρακτικές συμβουλές.

ΛΙΧΟΥΔΙΕΣ ΚΑΙ ΜΥΣΤΙΚΑ ΓΙΑ ΠΑΙΔΙΑ ΠΟΥ ΔΕΝ ΤΡΩΝΕ

Η συμβουλή του ψυχιάτρου

Το παιδί που δεν τρώει

Η μάχη εξουσίας και ο κίνδυνος της ψυχογενούς ανορεξίας

ΠΑΥΛΟΣ ΣΑΚΚΑΣ
ΚΑΘΗΓΗΤΗΣ ΨΥΧΙΑΤΡΙΚΗΣ ΠΑΝΕΠΙΣΤΗΜΙΟΥ ΑΘΗΝΩΝ

Φωτογραφία:
Ευστράτιος Χαβαλετζής

Ας αρχίσω με μια εξομολόγηση. Μέχρι τα 16 μου ήμουν ένα αδύνατο και μίζερο παιδί. Οι γονείς μου με κυνηγούσαν να φάω. Θυμάμαι ότι το φαγητό ήταν για μένα ένα μαρτύριο. Δεν μπορώ να ξεχάσω κάποιες φορές που είχα φτάσει στο σημείο να μη μπορώ να καταπιώ αυτό που είχα στο στόμα μου. Έπινα νερό για να το διευκολύνω, αλλά αυτό εξακολουθούσε να μην κατεβαίνει στον λαιμό μου. Ζούσα στιγμές μαρτυρίου, ενώ όλοι γύρω μου φώναζαν να τελειώνω.

Εννοείται ότι είχα αποκλείσει πολλά είδη φαγητών από το μενού μου, ενώ ο πατέρας μου είχε δοκιμάσει σε μένα όλα τα είδη των φαρμάκων που υποτίθεται ότι άνοιγαν την όρεξη. Ένα ήταν βέβαιο: η προσπάθεια και η πίεση των γονιών μου δεν απέδιδε. Από την μεριά μου θυμάμαι ότι ονειρευόμουν την μέρα που θα ανακαλυφθεί ένα χάπι που θα αντικαθιστούσε όλο αυτό το μαρτύριο του καθημερινού φαγητού.

Γονείς και παιδιά μπλέκουν σε μία καταστροφική αντιπαράθεση με επίκεντρο το πιάτο.

Μαρτύριο είναι η λέξη που περιέγραφε τα συναισθήματά μου απέναντι στο φαγητό και κυρίως την διαδικασία του γεύματος. Μαρτύριο για μένα πρωτίστως, αλλά δευτερευόντως και για τους γονείς μου, στο βλέμμα των οποίων αντιλαμβανόμουν την αγωνία τους για την ανάπτυξή και την υγεία μου. Χωρίς να το καταλάβουμε, είχαμε μπλέξει και οι δυο μεριές σε ένα καταστροφικό παιχνίδι εξουσίας, που είχε επίκεντρο το πιάτο μου. Εγώ αντίκριζα το γεμάτο πιάτο με δέος, σαν να είχα να ανέβω το Έβερεστ, ενώ οι γονείς μου εξέφραζαν την ικανοποίησή τους σε κάθε μπουκιά που άδειαζε. Κλασικά, όταν αποτολμούσα να ψελλίσω ότι «δεν θέλω άλλο», η ενορχηστρωμένη απάντηση ήταν ότι οι τελευταίες μπουκιές «είναι η δύναμή σου». Και βέβαια εννοείται ότι το μαρτύριο του γεύματος είχε πολύ μεγάλη διάρκεια. Ώρες καθόμουν μπροστά στο πιάτο και αναλογιζόμουν την σκοπιμότητα αυτής της γονικής καταπίεσης.

Όλα τα παιδιά που έχουν προβληματική σχέση με το φαγητό, εκλαμβάνουν την διαδικασία του γεύματος ως έκφραση καταπίεσης από την πλευρά των γονέων τους. Είναι μια διαδικασία σύγκρουσης, στην οποία τα παιδιά έχουν το πάνω χέρι. Μια σύγκρουση στην οποία τα παιδιά μπορούν να πάρουν το αίμα τους πίσω από ό,τι

Τα παιδιά που έχουν πρόβλημα με το φαγητό βρίσκουν τη διαδικασία του γεύματος ως ευκαιρία να αντιδράσουν στην καταπίεση των γονέων τους, όπως αυτή εκλαμβάνεται από τα παιδιά.

καταπιέσεις δέχονται, ή πιστεύουν με το μυαλουδάκι τους ότι δέχονται, από την πλευρά των γονέων τους.

Με αυτό το δεδομένο μπορούμε να αντιληφθούμε το τρόπο που ένα παιδί δύναται να παρασυρθεί σε αυτόν τον δυσάρεστο κατήφορο, παρασύροντας αυτονόητα και τους γονείς του. Αξίζει να αναλογιστούμε ότι κάθε βρέφος γεννιέται χωρίς κανέναν απολύτως περιορισμό στην έκφρασή του και την συμπεριφορά του. Το μωρό δεν ασκεί κανέναν έλεγχο στους σφιγκτήρες του, ενώ κλαίει όταν αισθανθεί κάτι δυσάρεστο, όπως το αίσθημα της πείνας. Το περιβάλλον που το φροντίζει, εκπληρώνει αμέσως τις ανάγκες του βρέφους, προκειμένου να είναι ήσυχο και ευτυχισμένο.

Η περίοδος αυτή, την οποία χαρακτηριστικά ο Φρόιντ ονόμασε ως «παντοδυναμία του βρέφους», διακόπτεται από την προοδευτική απαίτηση του περιβάλλοντος για προσαρμογή του βρέφους στις συνθήκες και τους κανόνες που επικρατούν σε αυτό. Η προσαρμογή αποτελεί μια διαδικασία μακρά και το κύριο βάρος αυτής πέφτει στους ώμους των γονέων. Οι γονείς είναι αυτοί που θα προσπαθήσουν να προσαρμόσουν το βρέφος και το νήπιο στις συνθήκες που επικρατούν έξω στην κοινωνία, στην οποία θα ζήσει κάποια στιγμή αυτόνομα το παιδί. Εδώ να σημειώσουμε ότι αυτόν τον ρόλο αναλαμβάνουν αργότερα το σχολείο, οι δάσκαλοι και οι υπόλοιποι επαγγελματίες παιδαγωγοί που εμπλέκονται στην ανατροφή των παιδιών.

Το πέρασμα από την «παντοδυναμία του βρέφους» του Φρόιντ στην προσαρμογή και εκπαίδευση του βρέφους και του νηπίου στις συνθήκες τις κοινωνίας.

Οι γονείς λοιπόν οφείλουν να συνειδητοποιήσουν το ρόλο που τους αναθέτει η κοινωνία, ώστε να λειτουργήσουν χωρίς τύψεις και ενοχές για τους όλο και εντονότερους περιορισμούς που πρόκειται να θέσουν στον απόγονό τους. Οφείλουν να υπερβούν την αγάπη τους για το παιδί τους, και να αποκτήσουν το κουράγιο να το εκπαιδεύσουν στους περιορισμούς που θέτει η ίδια η ζωή. Έτσι ένα ολοκληρωμένο και αυτόνομο άτομο οφείλει να τρώει συγκεκριμένες ώρες, σε συγκεκριμένα μέρη, ενώ οφείλει να ελέγχει τους σφιγκτήρες του και να εκπληρώνει όλες τις βιολογικές του ανάγκες σε συγκεκριμένα πλαίσια και με συγκεκριμένες συμπεριφορές.

Αποτελεί επομένως άσκηση αυτονομίας η δυνατότητα ενός ατόμου να μπορεί να εξασφαλίζει τις αναγκαίες του θερμίδες από οποιαδήποτε τροφή. Αυτός ο στόχος είναι μέσα στις απαιτήσεις που έχει η κοινωνία από τους γονείς. Να διδάξουν δηλαδή τα παιδιά τους να είναι παμφάγα και να μπορούν εάν χρειαστεί, να διευρύνουν το φάσμα των τροφών που έχουν την δυνατότητα να καταναλώσουν. Επο-

Άλλο η πίεση των γονειών προς τα παιδιά να μάθουν να τρώνε τα πάντα, και άλλο η καταπίεση, η οποία οδηγεί σε αντιπαραθέσεις.

μένως δεν αποτελεί απλή ιδιοτροπία των γονέων η πίεση των παιδιών στην εκπαίδευση στην κατανάλωση όλων των διαθέσιμων ειδών τροφίμων. Δεν χρειάζονται ενοχές από την πλευρά των γονιών, αρκεί βέβαια αυτή η εκπαίδευση να μην αποτελέσει μοχλό καταπίεσης και πεδίο αντιπαράθεσης από άλλα μέτωπα. Γιατί δυστυχώς αυτό ακριβώς συμβαίνει. Στην διαδικασία του φαγητού εκφράζονται αντιπαραθέσεις που προέρχονται από άλλα πεδία.

Για παράδειγμα, είναι εύκολο για ένα παιδί να αρνηθεί μια τροφή ή ακόμα και ένα γεύμα, ως αντίδραση στην αντιπαράθεση με τον γονιό του, που του απαγόρευσε ας πούμε να δει τηλεόραση. Και ενώ βέβαια το παράδειγμα της τηλεόρασης είναι προφανές, κάποιες φορές αυτό που το παιδί εκλαμβάνει από τον γονιό ως απόρριψη δεν αξιολογείται ή παραβλέπεται από τον ίδιο τον γονιό. Μπορεί το παιδί ας πούμε να ζητήσει μια σωματική επαφή, μια αγκαλιά, ένα χάδι από τον γονιό, ο οποίος όμως εκείνη την ώρα να το αρνηθεί. Η άρνηση αυτή, ενώ για τον γονιό φαίνεται μηδαμινής σημασίας, μπορεί εντούτοις για το παιδί να σηματοδοτήσει μια αντιπαράθεση, η οποία βέβαια θα εκφραστεί σε κάποιο πεδίο, όπου το παιδί έχει προνομιακή δύναμη. Τέτοια πεδία δυστυχώς για

Η άρνηση για φαγητό, ύπνο ή διάβασμα, το κλάμα, οι ζημιές και αταξίες αποτελούν τρόποους «εκδίκησης» του παιδιού.

Τα παιδιά, προκειμένου να κάνουν τον γονιό να πονέσει, δεν έχουν πρόβλημα να πονέσουν και να υποφέρουν και τα ίδια.

το παιδί είναι το έντονο κλάμα, η καθυστέρηση στον ύπνο, ο έλεγχος των σφιγκτήρων και βέβαια το φαγητό. Σε μεγαλύτερες ηλικίες σε αυτά προστίθενται οι αταξίες και οι ζημιές, όπως και η άρνηση για διάβασμα.

Λέω συχνά ότι τα παιδιά είναι διεστραμμένα και προκειμένου να κάνουν τον γονιό να πονέσει, δεν έχουν πρόβλημα να πονέσουν και να υποφέρουν και τα ίδια. Μπορούν να πεινούν αλλά κάνουν υπομονή, προκειμένου να τιμωρήσουν τους γονείς τους, στεναχωρώντας τους. Και πιστέψτε με, τα παιδιά αντιλαμβάνονται καλύτερα από τον οποιονδήποτε ενήλικο τα συναισθήματα των γονέων. Η αναγνώριση των συναισθημάτων των γύρω μας είναι μια δεξιότητα που έχουμε ως βρέφη, πριν ακόμα καταφέρουμε να αποκωδικοποιήσουμε τη λεκτική επικοινωνία των προσώπων που μας περιβάλουν. Όπως ο σκύλος αναγνωρίζει από την ένταση, τη χροιά της φωνής μας και την έκφραση του σώματός μας τι θέλουμε να του πούμε, έτσι και τα βρέφη και τα νήπια αντιλαμβάνονται τι πονάει τους γονείς και τους φροντιστές τους. Τα παιδιά εύκολα αναγνωρίζουν τα ευαίσθητα σημεία μας και εάν χρειαστεί, γνωρίζουν που θα κτυπήσουν.

Επειδή λοιπόν μοιραία θα προκύψουν αντιπαραθέσεις στη μακρά διαδικασία

23

Είναι σημαντικό να μην εκφράσουμε την αγωνία μας ως γονείς εάν μια φορά αρνηθεί κάποια τροφή, ή ακόμα και εάν δεν φάει.

διαπαιδαγώγησης των παιδιών μας, είναι σημαντικό να μη προδώσουμε νωρίς τα ευαίσθητα σημεία μας. Είναι σημαντικό να μην εκφράσουμε την αγωνία μας ως γονείς εάν μια φορά αρνηθεί κάποια τροφή, ή ακόμα και εάν δεν φάει. Το ίδιο οφείλουμε να κάνουμε και για τα άλλα μέτωπα στα οποία τα παιδιά έχουν το πάνω χέρι. Ο γονιός χωρίς συναισθηματισμούς και ενοχές, θα πρέπει να ανεχτεί τις όποιες προσπάθειες του παιδιού για αντιπαράθεση με έντονα κλάματα και φωνές, με αναστολή ελέγχου των σφιγκτήρων, με επιδεικτικές ζημιές, ή τέλος με ιδιοτροπίες στο φαγητό. Εκεί η αυτοσυγκράτηση και η αναστολή συναισθηματικής έκφρασης από την πλευρά των γονέων και των φροντιστών, αποτελεί το κλειδί για την αποφυγή εμπλοκής σε αυτά τα προνομιακά για τα παιδιά, πεδία αντιπαράθεσης.

Είναι σημαντικό να μη μπλέξει κανείς σε αυτά τα πεδία αντιπαράθεσης, γιατί οδηγούν σε μια κατηφόρα ψυχικής αλλά και σωματικής φθοράς και για τα δυο μέρη. Το μεγαλύτερο και πιο χειροπιαστό κόστος το πληρώνει βέβαια το παιδί, αλλά και το ψυχικό κόστος των γονέων είναι ανυπολόγιστο. Και όταν ξεκινήσει αυτή η κατηφόρα, δύσκολα σταματά. Μάλιστα πολλές φορές μπορεί να συμπαρασύρει και άλλες εκφράσεις των σχέσεων της οικογένειας. Δεν είναι σπάνιο στον κατήφορο αυτό να αρχίσει και ένα παιχνίδι ενοχών μεταξύ των γονέων, που να οδηγήσει και σε σοβαρότερες αντιπαραθέσεις μεταξύ τους. Ένα δύσκολο παιδί μπορεί να διαλύσει μια οικογένεια. Μη ξεχνάμε ότι η οικογένεια είναι ένας θεσμός που απαιτεί προσπάθεια για να διατηρηθεί. Ένα προβληματικό παιδί μπορεί εύκολα είτε να ενισχύσει τις δυνάμεις συνοχής, είτε το αντίθετο, να ενισχύσει τις φυγόκεντρες δυνάμεις.

Ο μόνος τρόπος να σταματήσει αυτός ο κατήφορος είναι η απεμπλοκή των γονέων από αυτή την αντιπαράθεση. Εκείνο που συνιστώ στους γονείς είναι να κάνουν πέτρα την καρδιά τους και να σταματήσουν να ασχολούνται με τα «καμώματα» των παιδιών τους. Ας αποδεχτούν μέσα τους την ήττα τους και ας αποσυρθούν από το μέτωπο της αντιπαράθεσης. Αυτό εννοείται ότι οφείλεται να γίνει σε πλήρη συμφωνία μεταξύ των γονέων. Δεν ωφελεί ο ένας γονέας να «αδιαφορήσει» ενώ ο άλλος εξακολουθεί να παιδεύεται να πείσει το παιδί να φάει ή να διαβάσει. Η συνεννόηση των γονέων πάνω σε μια βάση χωρίς τύψεις και ενοχές αποτελεί ακρογωνιαίο λίθο της όποιας αντίδρασής τους σε αυτή την άχαρη αντιπαράθεση με το παιδί. Η συνεννόηση αυτή οφείλει να ξεπεράσει το παιχνίδι απόδοσης ευθυνών για το γεγονός της οικογενειακής ήττας. Άλλωστε κανένας δεν μπορεί να ξέρει ποιος έφταιξε και σε ποιο χρονικό σημείο χάθηκε ο έλεγχος στη σχέση με το παιδί.

Η συνεννόηση των γονέων πάνω σε μια βάση χωρίς τύψεις και ενοχές αποτελεί ακρογωνιαίο λίθο της όποιας αντίδρασης των γονέων σε αυτή την άχαρη αντιπαράθεση με το παιδί τους.

Αυτή η απόσυρση των γονέων από το μέτωπο της αντιπαράθεσης είναι σίγουρο ότι στην αρχή θα εκληφθεί από το παιδί ως προσωρινός στρατηγικός τακτικισμός, προκειμένου να το παγιδέψουν στο αποτέλεσμα που επιθυμούν. Έτσι το παιδί είναι σχεδόν βέβαιο ότι θα εξακολουθήσει να επιμένει στην προσωπική του τακτική.

Παιχνίδι εξουσίας

Θα απαιτηθεί επιμονή στην παραίτηση των γονέων μέχρι να πειστεί το παιδί ότι αυτό που λένε οι γονείς το εννοούν. Σε εκείνο ακριβώς το σημείο παίζεται όλο το παιχνίδι. Αυτό το σημείο αποτελεί την κορύφωση του παιχνιδιού εξουσίας που ξεκίνησε πριν από κάποια χρόνια και εξελίχθηκε σε ψυχοπαθολογία για το παιδί, αλλά και σε γενικότερο οικογενειακό δράμα.

Στο κρίσιμο αυτό σημείο οι γονείς απλά οφείλουν να διατηρήσουν την ψυχραιμία τους ώστε να δείξουν στο παιδί ότι δεν πρόκειται να παρέμβουν πλέον στην, κατά την γνώμη τους, αποκλίνουσα συμπεριφορά του παιδιού

Το παιδί θα αλλάξει συμπεριφορά και θα συνεργαστεί μόνο όταν διαπιστώσει ότι δεν «περνάνε» οι εκβιασμοί του. Η σθεναρή αντίσταση από την πλευρά των γονιών είναι επίπονη και επικίνδυνη, αλλά η μόνη λύση για να σπάσει ο φαύλος κύκλος της αντιπαράθεσης.

τους. Τότε και μόνο τότε θα αλλάξει η συμπεριφορά του παιδιού, όταν αυτό βεβαιωθεί ότι πλέον δεν μπορεί με εκβιασμούς να διαχειριστεί τους γονείς του. Οι γονείς θα βρεθούν στην εξαιρετικά δύσκολη θέση, να βλέπουν το παιδί τους να καταστρέφεται και αυτοί να μην πρέπει να αντιδράσουν, όπως έκαναν στο παρελθόν.

Όμως μόνο με αυτόν τον επικίνδυνο τρόπο υπάρχει διέξοδος από τον φαύλο κύκλο της παράλογης αντιπαράθεσης. Και παραδέχομαι ότι ο τρόπος αυτός εγκυμονεί κινδύνους για το παιδί, ειδικά εάν το παιδί είναι επίμονο, ή εάν οι γονείς αφήνουν δείγματα υποχώρησης σε παλιότερες συμπεριφορές. Τα δείγματα αυτά εκλαμβάνονται από το παιδί ως αδυναμία από την πλευρά των γονέων και αθέτηση των λόγων τους, με αποτέλεσμα τη διαιώνιση της παθολογικής και καταστροφικής διελκυστίνδας.

Δεν θέλω να φοβίσω τους γονείς, αλλά ειδικά με την αντιπαράθεση γύρω από το φαγητό, οφείλουν να γνωρίζουν ότι σε ακραίες καταστάσεις ελλοχεύει πάντα ο κίνδυνος της ψυχογενούς ανορεξίας. Μιας κατάστασης που όπως περιγράφω και στο βιβλίο μου «Η ψυχιατρική αλλιώς»[1], σε ένα όχι

---

1 Σακκάς, Π. (2014) *Η Ψυχιατρική Αλλιώς*, Εκδόσεις Βήτα

ευκαταφρόνητο ποσοστό μπορεί να οδηγήσει ακόμα και στον θάνατο. Για τον λόγο αυτό είναι πολύ καλύτερα να προλάβουμε την αντιπαράθεση πάνω από το πιάτο, παρά να προσπαθούμε εκ των υστέρων να διορθώσουμε την ψυχοπαθολογία.

Η ψυχογενής ανορεξίας μπορεί να οδηγήσει ακόμα και στον θάνατο.

Και στο σημείο αυτό θέλω να πω ότι η αντιπαράθεση πάνω από το πιάτο κάποιες φορές δεν αφορά μόνο το δίπολο γονείς και παιδί, αλλά συχνά αφορά και την σύγκρουση μεταξύ των γονέων ή και των φροντιστών. Δηλαδή κάποιες φορές ο ένας γονέας προσφέρει στο παιδί ένα τρόφιμο, το οποίο ο άλλος γονέας απαγορεύει. Έτσι το παιδί με την συμπεριφορά του εντείνει τη ρήξη στις σχέσεις των γονέων ή στη σχέση ενός φροντιστή (γιαγιά, παππού, θείας, ή άλλων οικείων προσώπων) και κάποιου γονέα. Και μη ξεχνάτε ότι όπως είπα τα παιδιά είναι διεστραμμένα, δηλαδή απολαμβάνουν την αταξία που αυτά προκαλούν στο περιβάλλον τους.

Ο πιο ήπιος τρόπος αντιμετώπισης μιας εγκατεστημένης παθολογικής σχέσης ενός παιδιού με το φαγητό αποτελεί ακριβώς το αντικείμενο αυτού του βιβλίου. Δηλαδή πως θα μπορέσει το παιδί να βρει σιγά σιγά τη φυσιολογική του σχέση με τις τροφές χωρίς τη βίαιη αποχώρηση των γονέων από το πεδίο της αντιπαράθεσης.

Η σχέση μου με το φαγητό αποκαταστάθηκε «ως διά μαγείας», όταν στην ηλικία των 16 ετών, πήγα σε μια κατασκήνωση στο εξωτερικό, μακριά από τους γονείς μου. Εκεί, οι συναισθηματικοί μου εκβιασμοί προς τους γονείς μου, δεν μετρούσαν.

Πώς θα αποκατασταθούν οι σχέσεις γονέων και παιδιού, πάνω ακριβώς από το πιάτο και το περιεχόμενό του. Το βιβλίο αυτό συνολικά φιλοδοξεί να προσφέρει τις υπηρεσίες του ώστε να φτιαχτεί από τους γονείς ένας οδικός χάρτης επαναφοράς στην διατροφική ομαλότητα, χωρίς κλάματα και συναισθηματικές εξάρσεις.

Στο κλείσιμο της παρέμβασής μου, θα τελειώσω με την προσωπική μου μαρτυρία, όπως ακριβώς ξεκίνησα. Η σχέση μου με το φαγητό αποκαταστάθηκε «ως διά μαγείας», όταν στην ηλικία των 16 ετών πήγα σε μια κατασκήνωση στο εξωτερικό. Εκεί, μακριά από τους γονείς μου, αναγκάστηκα να ανταγωνιστώ τα άλλα παιδιά της ηλικίας μου. Αναγκάστηκα να συγκριθώ μαζί τους έξω από την προστασία της οικογένειας. Σε ένα πεδίο, όπου οι συναισθηματικοί μου εκβιασμοί προς τους γονείς μου, δεν μετρούσαν.

Ελπίζω το κεφάλαιο αυτό να βοηθήσει όχι μόνο να αποκατασταθούν οι σχέσεις άλλων παιδιών με το φαγητό, αλλά το κυριότερο, να μη προλάβουν να διαταραχθούν.

ΡΕΝΑ ΤΗΣ ΦΤΕΛΙΑΣ

Η συμβουλή του παιδιάτρου

Κάντε το παιδί σας να αγαπήσει το φαγητό

Μύθοι και αλήθειες για τις «καλές» και «κακές» τροφές

ΓΙΩΡΓΟΣ ΜΟΥΣΤΑΚΑΣ
ΠΑΙΔΙΑΤΡΟΣ

Όταν μου ζητήθηκε να συμμετάσχω στο βιβλίο και να γράψω την εμπειρία μου ως παιδίατρος, το πρώτο πράγμα που μου ήρθε στο μυαλό ήταν να συγκρίνω το φαγητό με το φάρμακο που δίνουμε στα παιδιά.

Το φάρμακο βέβαια είναι αναγκαίο «κακό», πρέπει να το πάρουμε για να γίνουμε καλά, ενώ το φαγητό το χρειαζόμαστε για να μεγαλώσουμε σωστά. Το φαγητό, όπως και το φάρμακο, πρέπει να έχει ορισμένα χαρακτηριστικά (γευστικό, ελκυστικό), ούτως ώστε να το φάνε ευχάριστα τα παιδιά μας.

Πώς θα μπορούσαμε λοιπόν να κάνουμε ένα φαγητό ελκυστικό και νόστιμο;

Γνωρίζουμε ότι ο άνθρωπος χρησιμοποιεί τις αισθήσεις για να απολαμβάνει το φαγητό, οπότε σκέφτηκα να αναφερθούμε λίγο πιο εκτεταμένα σε αυτές τις αισθήσεις, οι οποίες είναι: η αφή, η όραση, η όσφρηση, η γεύση και η έκτη αίσθηση, γνωστή ως διαίσθηση.

Γεύση: Τα παιδιά, από μικρή ηλικία, ξεχωρίζουν τις γεύσεις και αντιδρούν ευχάριστα ή δυσάρεστα, για αυτό πρέπει το φαγητό μας να μην είναι πικρό ή αλμυρό, ούτε πολύ γλυκό, ούτε πολύ ξινό. Με άλλα λόγια, θα ήταν καλό το φαγητό μας να έχει μία ισορροπημένη γεύση.

Όσφρηση: Η μυρωδιά πρέπει να είναι ευχάριστη, διότι πολλά παιδιά μυρίζουν το φαγητό πριν να το βάλουν στο στόμα τους, συνεπώς μια άσχημη μυρωδιά μπορεί να δρα ανασταλτικά και αηδιαστικά στο να πλησιάσουν για να φάνε.

Αφή: Στα παιδιά αρέσει να τρώνε με τα χέρια και κατά συνέπεια η επαφή με το φαγητό παίζει σημαντικό ρόλο. Καλό λοιπόν είναι να αποφεύγουμε τα φαγητά που είναι σκληρά ή κολλώδη, καθώς και αυτά που έχουν χνούδια ή αγκάθια.

Όραση: Η εμφάνιση του φαγητού παίζει σημαντικό ρόλο, γι' αυτό φροντίζουμε να φτιάχνουμε ένα πιάτο με μικρή ποσότητα, με διάφορα υλικά, με χρώματα και όψη σαν παιδικά σχήματα ή φατσούλες, ούτως ώστε να είναι ελκυστικό και ευχάριστο.

Διαίσθηση: Παρουσιάζοντας ένα πιάτο φαγητό αυτόματα το μυαλό τους επεξεργάζεται πολλά και διάφορα (όπως τον τόνο της φωνής μας, την έκφραση του προσώπου μας, τη στάση του σώματος μας) και έτσι, χρησιμοποιώντας τη έκτη αίσθηση τους, τελικά το αποδέχονται ή το απορρίπτουν.

Τα κόλπα και τα όπλα των γονέων

Θα αναφέρω μερικά υλικά (π.χ. βούτυρο, πιπέρι, αλάτι, ξύδι, λεμόνι, μουστάρδα, κέτσαπ, λάδι, ταχίνι, γιαούρτι κ.λ.π.), τα οποία μπορούν να χρησιμοποιήσουν οι γονείς, για να κάνουν το φαγητό πιο γευστικό και ελκυστικό.

Βούτυρο

Το ωμό βούτυρο περιέχει βιταμίνη Α, Ε, σελήνιο και ιώδιο, που ενισχύουν την λειτουργία του θυροειδούς αδένα, των επινεφριδίων και της καρδιάς.

Είναι πλούσιο σε HDL (καλή χοληστερίνη), που είναι απαραίτητη για την ανάπτυξη του νευρικού συστήματος και του εγκεφάλου των παιδιών.

Περιέχει, επίσης, βιταμίνη Κ2 που εμποδίζει την τερηδόνα, με αποτέλεσμα να έχουν γερά δόντια και οστά.

Πιπέρι

Δίνει γεύση στο φαγητό και βοηθάει στη χώνεψη.

Ξύδι

Το ξύδι, εκτός από το ότι κάνει το φαγητό μας πιο νόστιμο, είναι πολύ καλό ως φάρμακο. Υπάρχει το βαλσάμικο, το κόκκινο και το άσπρο ξύδι.

Φτιάχνεται από σταφύλια, μήλα, φρούτα, ντομάτα, καρύδια, όσπρια ή ρύζι. Το πιο γευστικό είναι αυτό από σταφύλια και μήλα (μηλόξυδο). Στην θεραπευτική του ιδιότητα έχει αναφερθεί ο Ιπποκράτης, συγκεκριμένα ως θεραπευτικό για τον πόνο των αρθρώσεων, των πεπτικών προβλημάτων, όπως επίσης και για τις αιματολογικές διαταραχές.

Οι περισσότεροι γονείς το χρησιμοποιούν για να πέφτει ο πυρετός στα παιδιά τους, βάζοντας κομπρέσες με νερό και ξύδι στο μέτωπο. Το ξύδι όμως έχει πολλές δράσεις: απελευθερώνει την αναπνοή και ανακουφίζει τον πονόλαιμο, διώχνει τον πονοκέφαλο, ανακουφίζει από τον πόνο του εγκαύματος και εμποδίζει να σχηματιστούν φυσαλίδες, ανακουφίζει τον πόνο και τον κνησμό από τα τσιμπήματα (κουνούπια, μέλισσες), σταματάει την ανάπτυξη μυκήτων στα πόδια, διώχνει τις ψείρες στα παιδιά (χτενίζοντας τα μαλλιά με νερό και ξύδι) και αφαιρεί τους λεκέδες από τα χέρια από κεράσι, παντζάρια και μούρα.

Λάδι

Το παρθένο ελαιόλαδο οι Αρχαίοι Έλληνες το ονόμαζαν υγρό χρυσάφι. Είναι πλούσιο σε λιπαρά οξέα, μειώνει την κακή χοληστερίνη (LDL) προστατεύοντας την καρδιά, καταπολεμάει την δυσκοιλιότητα, ως αντιοξειδωτικό απομακρύνει τις τοξίνες μέσω του ήπατος και της χοληδόχου κύστης και ως αντιφλεγμονώδες καταπολεμάει τον πόνο στις αρθρώσεις και ακόμη δυναμώνει τα μαλλιά και προστατεύει το ξηρό δέρμα.

Όλα αυτά τα υλικά βοηθούν πολύ στο να γίνει το φαγητό πιο νόστιμο και ενισχύουν τον οργανισμό.

Μουστάρδα

Περιέχει σελήνιο, μαγνήσιο, βιταμίνες του συμπλέγματος Β, βιταμίνη Α, C, Κ, συμβάλει στη μείωση της χοληστερίνης και στις κρίσεις του άσθματος και του κρυολογήματος, όπως και στην ανακούφιση του μυϊκού πόνου.

Αλάτι

Το φυσικό θαλασσινό αλάτι επιδρά και συντελεί στην πρόληψη κραμπών, καθώς και στην πρόληψη της σιελόρροιας (τη νυχτερινή στα παιδιά). Επίσης, είναι ισχυρό φυσικό αντισταμινικό, δρα ως θεραπεία στην ρινική καταρροή και στη συμφόρηση, δυναμώνει τα οστά, συμβάλλει στον καλό ύπνο, βοηθάει στην απορρόφηση ιχνοστοιχείων του

Μεταξύ άλλων, ισορροπεί τα επίπεδα σακχάρου στο αίμα.

εντέρου, βοηθάει στον καθαρισμό των πνευμόνων από την κολλώδη βλέννα (γεγονός που είναι ιδιαίτερα χρήσιμο στα παιδιά με κυστική ίνωση και άσθμα). Ακόμη, ισορροπεί τα επίπεδα σακχάρου στο αίμα, σταθεροποιεί τον καρδιακό παλμό, ρυθμίζει την αρτηριακή πίεση και αποτελεί ενέργεια για τα κύτταρα του οργανισμού μας.

Ταχίνι

Το ταχίνι περιέχει ασβέστιο, φώσφορο, κάλιο, μαγνήσιο, χαλκό, σίδηρο, φυτικές πρωτεΐνες υψηλής βιολογικής αξίας, ω6, βιταμίνη Ε, υδατάνθρακες. Βοηθάει στην ομαλή λειτουργία του πεπτικού συστήματος, μειώνει την χοληστερόλη και βοηθάει στην καλή ανάπτυξη των οστών.

Πλούσιες πηγές ασβεστίου.

Γιαούρτι

Είναι πλούσιο σε πρωτεΐνες υψηλής βιολογικής αξίας, ασβέστιο, φώσφορο, ψευδάργυρο, ιώδιο, βιταμίνη Α και Β. Αποκαθιστά την ισορροπία της εντερικής χλωρίδας (δίνεται σε άτομα που παίρνουν αντιβίωση, όπου καταστρέφεται η εντερική χλωρίδα).

Ketchup

Είναι υλικό φτιαγμένο από ντομάτα, η οποία είναι πλούσια σε βιταμίνη Α, που παίζει ρόλο στην υγεία των ματιών, του δέρματος, των δοντιών και των οστών. Έχει όμως και λυκοπένιο, που συμβάλλει στο να έχουμε καλά επίπεδα χοληστερίνης στο αίμα μας, ενώ συγχρόνως μειώνει την κακή χοληστερίνη.

Νοστιμίζουν τα φαγητά και θωρακίζουν τον οργανισμό.

Λεμόνι

Χαρίζει νοστιμιά στα άγευστα, αδιάφορα και άχρωμα φαγητά. Ο χυμός του περιέχει μεγάλες ποσότητες βιταμίνης C, B1, B2, B3, B6, πρωτεΐνες υδατάνθρακες, κάλιο, ασβέστιο, μαγνήσιο, ανόργανα και μεταλλικά άλατα. Θωρακίζει τον οργανισμό απέναντι σε ορισμένες αρρώστιες και λοιμώξεις (ίωση, γρίπη, κρύωμα). Έχει αντιοξειδωτικές ιδιότητες, μειώνει την αρτηριακή πίεση (μέσω του καλίου). Επίσης δρα ως αντιπυρετικό, ρίχνοντας τον υψηλό πυρετό και έχει αντιμικροβιακή και αντιβακτηριδιακή δράση, ιδιαίτερα σχετικά με το λαιμό και τις αμυγδαλές. Ακόμη, δρα τοπικά στα τσιμπήματα από έντομα και τσούχτρες, ανακουφίζει τον πονόδοντο και έχει αιμοστατική δράση (ένα βαμβάκι βουτηγμένο με λεμόνι στη μύτη - ρουθούνια σταματάει την ρινορραγία). Δρα ως αντίδοτο σε πρόληψη δηλητηρίασης από θαλασσινά και οστρακοειδή. Βοηθάει στην απορρόφηση του σιδήρου και του ασβεστίου, καθώς και στη δυσκοιλιότητα, καθαρίζοντας το έντερο, λόγω αύξησης της περισταλτικότητας. Τέλος, γιατρεύει το σκορβούτο.

Να μην ξεχνάμε ότι όλα πρέπει να χρησιμοποιούνται με μέτρο, όπως έλεγαν οι αρχαίοι πρόγονοί μας: «μέτρον άριστον».

Σοκολάτα

Εχει πολλές ωφέλιμες ιδιότητες, ειδικά η μαύρη σοκολάτα. Χαμηλώνει τα επίπεδα χοληστερίνης στο αίμα, ρυθμίζει την πίεση, ενισχύει τη λειτουργία του εγκεφάλου, ρυθμίζει την επιδερμίδα, δρα ανακουφιστικά στον έντονο βήχα, ρυθμίζει το ζάχαρο στο αίμα και βελτιώνει την όραση.

10 συμβουλές

Καλό είναι να αρχίζουν οι γονείς να εισάγουν σταδιακά διάφορες γεύσεις, από την ηλικία των 6 - 12 μηνών και μετά. Παραδείγματος χάριν, από τα λαχανικά: πατάτες, καρότα, κολοκυθάκια, μπρόκολο, σπανάκι, ντομάτα, κρεμμύδι, κλπ και από τα φρούτα: μήλο, αχλάδι, μπανάνα, ακτινίδιο, ροδάκινο, κλπ. Έχει σημασία τι κόλπο θα κάνουμε, για να φάει το παιδί μας, διότι ένα κόλπο που χρησιμοποιούμε σε ένα παιδί μπορεί να μην πιάνει στο άλλο, πράγμα το οποίο διαπιστώνουμε στα παιδιά της ίδιας οικογένειας. Δε μας πειράζει με ποιο τρόπο θα φτάσουμε στο στόχο και ποιο δρόμο θα ακολουθήσει κάθε γονέας για αυτό, γιατί το αποτέλεσμα είναι αυτό που μετράει.

1. Μαγειρεύουμε μαζί

Βάζουμε τα παιδιά μας να συμμετέχουν στην παρασκευή του φαγητού. Μην ξεχνάμε να κάνουμε τα φαγητά μας πιο νόστιμα, χρησιμοποιώντας τα υλικά που αναφέραμε παραπάνω (αλάτι, λεμόνι, ξύδι, γιαούρτι, ταχίνι, μαγιονέζα, μουστάρδα, κέτσαπ, σοκολάτα, πιπέρι). Κατά τη διάρκεια της μαγειρικής, βάζουμε τα παιδιά να δοκιμάζουν τις γεύσεις μαζί μας και να μας πουν τι χρειάζεται λιγότερο ή περισσότερο κατά τη γνώμη τους.

Καλό θα ήταν να βάζουμε τα μεγαλύτερα παιδιά να συμμετέχουν στη διαδικασία του φαγητού από την αρχή, πηγαίνοντας μαζί μας και στη λαϊκή ή στο μανάβη και διαλέγοντας μαζί τα υλικά των φαγητών (λαχανικά, φρούτα και ότι άλλο χρειαστεί). Στις μεγαλύτερες ηλικίες επίσης, σταδιακά εμπλουτίζουμε το φαγητό μας με αλάτι, πιπέρι, λεμόνι, ξύδι, κλπ.

Η χαρά της δημιουργίας

Επίσης, θα άρεσε στα περισσότερα παιδιά, μεγαλύτερης ηλικίας βέβαια, να τα βάζουμε να μας κάνουν λίστα εβδομαδιαίου φαγητού. Μπορούμε να τους βοηθήσουμε, διαλέγοντας συνταγές από αυτές τις νόστιμες, που μας πρόσφερε από την εμπειρία της στα τόσα χρόνια στο στίβο της μαγειρικής, η φίλη μας Ρένα της Φτελιάς (δες μέσα στο βιβλίο).

Μέρα επιβράβευσης

Δίνουμε κίνητρο στα παιδιά μας να διαλέγουν μια μέρα το αγαπημένο τους φαγητό, ακόμα και εάν δεν είναι απόλυτα υγιεινό.

Σερβίρισμα

Αφού έχουμε μαγειρέψει μαζί το φαγητό, τους βάζουμε να συμμετέχουν στη διαδικασία στρωσίματος του τραπεζιού, διαλέγοντας ποτήρια, μαχαιροπήρουνα, χαρτοπετσέτες, πιάτα μεσαίου μεγέθους. Προσπαθούμε να φάμε όλοι μαζί, εφόσον είναι εφικτό, τουλάχιστον μία με δύο φορές την εβδομάδα, όχι μπροστά στην τηλεόραση, ενώ, εάν είναι ανοιχτή, καλό είναι να την κλείνουμε.

Οι ποσότητες του φαγητού πρέπει να είναι μικρές (μην ξεχνάμε ότι είναι παιδιά και έχουν μικρό στομάχι) και το πιάτο να είναι χαρούμενο, με χρώματα, π.χ. καρότο, αρακά, κόκκινη πιπεριά.

5 Δοκιμή και γευσιγνωσία

Αφήνουμε το παιδί μας να δοκιμάζει από το δικό μας πιάτο, διότι μπορεί να νομίζει ότι το φαγητό μας είναι πιο νόστιμο, όπως και το αντίθετο.

Βάλτε τα παιδιά σας να δοκιμάζουν τα φαγητά και δεχθείτε ότι μπορεί να μην τους αρέσουν μερικά. Προσπαθήστε σε αυτή την περίπτωση να τα μαγειρέψετε με διαφορετικό τρόπο ή να τα ενσωματώσετε με κάποια που τους αρέσουν, π.χ. καρότο ή κρέας μπορούμε να το βάλουμε στο μίξερ, να γίνει σάλτσα πάνω από τα μακαρόνια.

6 Να τρώει μόνο του

Αφήνουμε το παιδί μας να τρώει μόνο του, εάν θέλει και γιατί όχι με τα χέρια και ας λερώνεται. Ο σκοπός μας θα πρέπει να είναι η διαδικασία του φαγητού να είναι ευχάριστη και διασκεδαστική.

 **Όχι ενδιάμεσα γεύματα**

Προσπαθούμε να μη δίνουμε ενδιάμεσα από τα γεύματα της ημέρας διάφορα σνακ (γαριδάκια, τσιπς, σοκολάτες). Καλό είναι να αφήνουμε το παιδί να πεινάσει, γιατί έτσι θα φάει με περισσότερη όρεξη την ώρα που πεινάει αρκετά.

 **Μίμηση**

Μην ξεχνάμε ότι τα παιδιά σε ηλικία 2 με 3 ετών περνάνε στο στάδιο της άρνησης (ΟΧΙ! ΟΧΙ! ΟΧΙ!) για ορισμένα φαγητά: π.χ. δεν τρώνε σαλάτα, φρούτα, γάλα. Μη φοβάστε ότι τα παιδιά σας δεν θα τα φάνε ποτέ στη ζωή τους. Σε μεταγενέστερο χρόνο θα τα δοκιμάσουν και θα τα φάνε, είτε στον παιδικό σταθμό ή σε πάρτι φίλου ή σε κατασκήνωση ή σε εκδρομή, αρκεί να δώσετε εσείς το παράδειγμα και να τα τρώτε μπροστά τους.

 **Φρουτοσαλάτα**

Ένα κόλπο για να φάνε τα φρούτα, θα μπορούσε να είναι να φτιάξετε μαζί φρουτοσαλάτα: αφήνουμε τα παιδιά να διαλέγουν δύο με τρία φρούτα που τους αρέσουν, για να συμπληρώσουμε και εμείς στη συνέχεια ένα φρούτο, μετά να τα καθαρίσουμε, να τα κόψουμε, να προσθέσουμε 2 με 3 σταγόνες λεμόνι, μια κουταλιά ζάχαρη, να τα βάλουμε το ψυγείο και μετά από λίγη ώρα να βάλουμε το παιδί να μας σερβίρει στο αγαπημένο του μπολ. Μπορούμε επίσης να ψιλοκόψουμε ένα ή δύο φρούτα και να τα βάλουμε στο γιαούρτι, έτσι ώστε να τα φάει το απόγευμα, ως ένα υγιεινό και δροσερό σνακ.

10 Δεν είναι αρρώστια

Τελειώνοντας, πρέπει να ξέρουμε ότι τα δύσκολα παιδιά είναι υγιή παιδιά και δεν είναι άρρωστα. Απλά χρειάζεται υπομονή, να αφιερώνουμε χρόνο παίζοντας μαζί τους, αλλά και να γίνουμε και εμείς παιδιά, για να επικοινωνήσουμε καλύτερα μαζί τους. Μέσα από το παιχνίδι τα παιδιά μας χαίρονται, ξεκουράζονται και μπορεί να τρώνε πιο ευχάριστα.

Ενότητα 2

Λιχουδιές από τη Ρένα της Φτελιάς

Στόχος, τα παιδιά να αγαπήσουν το φαγητό.

Προσοχή σε περιπτώσεις με περιορισμούς (π.χ. αλλεργίες, χοληστερίνη, διαβήτης). Ζητείστε από τον γιατρό σας αντικατάσταση ή αφαίρεση υλικών.

ΛΙΧΟΥΔΙΕΣ ΚΑΙ ΜΥΣΤΙΚΑ ΓΙΑ ΠΑΙΔΙΑ ΠΟΥ ΔΕΝ ΤΡΩΝΕ

ΡΕΝΑ ΤΗΣ ΦΤΕΛΙΑΣ

Σνακ

Διατηρείται στο ψυγείο μία εβδομάδα

Φρουτένια μερέντα

Καθαρίζω τις μπανάνες και τις κόβω ροδέλες, βγάζω το κουκούτσι από το αβοκάντο και αδειάζω με 1 κουταλάκι τη σάρκα του.

Βάζω όλα τα υλικά στο μούλτι και τα χτυπάω πολύ καλά. Μόλις χτυπηθούν καλά τα βάζω σε ένα τάπερ σκεπασμένο στο ψυγείο γύρω στις 2 ώρες.

Μπορώ να απλώσω τη μερέντα σε μπισκότα, ψωμί, φρυγανιά, κρακεράκια.

Είναι μία υγιεινή διαφορετική μερέντα.

Μυστικό

Αν χρειαστεί, όταν χτυπάω τα υλικά στο μούλτι προσθέτω 2-3 κουταλιές γάλα.

ΥΛΙΚΑ

- 2 μπανάνες γινομένες
- 2 αβοκάντο γινομένα
- 3 κουταλιές κακάο
- 4 κουταλιές μέλι

ΡΕΝΑ ΤΗΣ ΦΤΕΛΙΑΣ

Σνακ

Καλή μας απόλαυση!

Σοκολατάκια δαμάσκηνο

Βάζω σε μπεν-μαρί να λιώσω τη σοκολάτα. Χτυπάω στο μούλτι τους ξηρούς καρπούς. Δεκαπέντε ξηρούς καρπούς σύνολο, 5 από κάθε ένα είδος.

Ανοίγω τα δαμάσκηνα, βάζω ένα κουταλάκι του γλυκού ξηρούς καρπούς σε κάθε δαμάσκηνο και το ξανακλείνω.

Βουτάω ένα ένα δαμάσκηνο στη λιωμένη σοκολάτα και τα απλώνω πάνω σε μία λαδόκολλα. Τα αφήνω να στεγνώσουν καλά. Και μετά καλή μας απόλαυση.

ΥΛΙΚΑ

- 15 δαμάσκηνα
- 15 αμύγδαλα φουντούκια καρύδια
- 2 σοκολάτες (400 γραμμάρια)

Μυστικό

Τους ξηρούς καρπούς τους χτυπάω στο μούλτι για να τρώνε ευκολότερα τα παιδιά.

ΡΕΝΑ ΤΗΣ ΦΤΕΛΙΑΣ

Γεύμα

Τέλειο φαγητό για τα παιδιά που δεν τρώνε τα ψάρια

Ψαροκεφτεδάκια

Παίρνω φέτες ψαριού. Σε μία κατσαρόλα βάζω νερό και μόλις πάρει βράση προσθέτω πατάτες, ντομάτα, καρότο, ψάρι και αφήνω να βράσουν καλά. Μόλις βράσουν τα βγάζω από την κατσαρόλα και αφήνω να κρυώσουν λίγο.

Ξεκοκαλίζω το ψάρι με πολύ μεγάλη προσοχή. Με ένα πιρούνι λιώνω τις πατάτες και το καρότο. Βάζω σε μία λεκάνη το ψάρι ψιλοκομμένο, λάδι, πατάτα, καρότο, ντομάτα τριμμένη, κρεμμύδι, μαϊντανό, αλάτι, πιπέρι και τα ζυμώνω καλά. Τα αφήνω λίγο στο ψυγείο και μετά τα κάνω μικρά μικρά μπαλάκια.

Σε μία πιατέλα βάζω αλεύρι και τα αλευρώνω (όπως τα κεφτεδάκια). Βάζω λάδι στο τηγάνι και μόλις ζεσταθεί βάζω λίγα-λίγα αλευρωμένα κεφτεδάκια και τα τηγανίζω.

Τρώγονται ζεστά.

ΥΛΙΚΑ

- 1 κιλό ψάρι
- 1 κρεμμύδι ξερό τριμμένο
- 1 ντομάτα
- 2 πατάτες κομμένες ροδέλες
- 1 καρότο κομμένο ροδέλες
- λίγο μαϊντανό ψιλοκομμένο
- αλάτι, πιπέρι
- μισό ποτηράκι λάδι
- λίγο αλεύρι
- λάδι για το τηγάνι

ΡΕΝΑ ΤΗΣ ΦΤΕΛΙΑΣ

Γεύμα

Με αυγό τηγανητό και φαντασία για παραλλαγές

Τοστ μουτράκι

Με ένα φορμάκι κόβω τις φέτες ψωμιού σε διάφορα σχήματα.

Βάζω λάδι στο τηγάνι και μόλις ζεσταθεί λίγο βάζω μία - μία φέτα του ψωμιού που έχω κόψει σε σχήματα.

Δίπλα, στο ίδιο τηγάνι βάζω το φορμάκι και μέσα σε αυτό ρίχνω το αυγό για να τηγανιστεί και να πάρει το ίδιο σχήμα με το ψωμί. Επαναλαμβάνω για τα υπόλοιπα αυγά και φέτες ψωμιού.

Μόλις τηγανιστούν τα αυγά και τα ψωμιά τα τοποθετώ σε ένα πιάτο. Πρώτα το ψωμί και από πάνω το αυγό. Βάζω αγγουράκι και πιπεριά και κάνω δύο ματάκια, και με το καρότο κάνω το στόμα. Κάνω δηλαδή ένα μουτράκι και βοηθώ τα παιδιά να φάνε αυγό.

Αυτή είναι μία λύση. Μπορείτε να βάλετε τη φαντασία σας και να δημιουργήσετε διάφορες φιγούρες με άλλα υλικά.

ΥΛΙΚΑ

- 6 φέτες ψωμί του τοστ
- 6 αυγά
- 1 αγγουράκι κομμένο σαν οδοντογλυφίδα
- 1 πιπεριά
- 1 καρότο κομμένο σαν οδοντογλυφίδα
- λάδι
- αλάτι, πιπέρι

ΡΕΝΑ ΤΗΣ ΦΤΕΛΙΑΣ

Σνακ

Τέλειο και για μεγάλα παιδιά!

Σοκολατένια μπισκότα

Ανακατεύω το αλεύρι με το μπέικιν. Σε μία λεκάνη βάζω το αλεύρι, το λιωμένο βούτυρο, ζάχαρη, αυγά, σοκολάτα και το ξύσμα. Όλα αυτά τα ανακατεύω να ενωθούν μεταξύ τους.

Πλάθω 2-3 μπαστούνια, τα τυλίγω με μία μεμβράνη και το βάζω για μία ώρα στο ψυγείο να παγώσουν.

Μετά το κόβω σε φέτες (όπως το ψωμί). Βάζω στο ταψί μία λαδόκολλα, τα απλώνω και βάζω το ταψί στο φούρνο να ψηθούν γύρω στα 40-45 λεπτά.

Πριν βάλω το ταψί στο φούρνο πρέπει να τον έχω ανάψει (να είναι ζεστός) στους 160 βαθμούς.

Τέλειο για πρωινό, απογευματινό, στο πάρκο και στο γραφείο για μεγάλα παιδιά.

ΥΛΙΚΑ

- 500 γρ. αλεύρι μαλακό
- 1 κουταλάκι μπέικιν
- 1 πακετάκι βούτυρο (250 γραμμάρια)
- 200 γραμμάρια ζάχαρη καστανή
- 3 αυγά
- 300 γραμμάρια σοκολάτα σε κυβάκια
- ξύσμα από ένα πορτοκάλι

ΡΕΝΑ ΤΗΣ ΦΤΕΛΙΑΣ

Γεύμα

Για παιδιά που αποφεύγουν το όσπριο

Φακή κρέμα

Βάζω το λαδοβούτυρο στην κατσαρόλα και μόλις ζεσταθεί προσθέτω το κρεμμύδι, πράσο, καρότο και τσιγαρίζω 4-5 λεπτά, προσθέτω την φακή, 3 ποτήρια νερό, αλάτι, πιπέρι, δάφνη και αφήνω να βράσουν.

Μόλις είναι όλα βρασμένα και έχει μείνει λίγο νερό σβήνω τη φωτιά. Τα χτυπάω όλα στην κατσαρόλα με τη ράβδο και γίνονται σαν κρέμα.

Είναι πάρα πολύ ωραίο, δεν θα καταλάβεις ότι είναι φακή. Το κάνουμε έτσι γιατί πολλά παιδιά δεν τρώνε τη φακή.

ΥΛΙΚΑ

- 200 γραμμάρια φακή
- 200 γραμμάρια καρότα κυβάκια
- 100 γραμμάρια πράσα κυβάκια
- 1 κρεμμύδι ξερό κυβάκια
- 2-3 φύλλα δάφνη
- 3 κουταλιές σούπας βούτυρο
- 3 κουταλιές σούπας λάδι
- αλάτι και πιπέρι

ΡΕΝΑ ΤΗΣ ΦΤΕΛΙΑΣ

Γεύμα

Για παιδιά που αποφεύγουν τα λαχανικά

Μπιφτέκια με λαχανικά

Ανάβω το φούρνο στους 180 βαθμούς.

Σε μία λεκάνη βάζω πατάτες, κολοκύθια, καρότα, πολύ καλά στυμμένα.

Μετά προσθέτω όλα τα υπόλοιπα υλικά και τα ανακατεύω να ενωθούν μεταξύ τους. Τα βάζω στο ψυγείο σκεπασμένα με μία μεμβράνη γύρω στη μία ώρα. Βάζω λίγο λάδι στο ταψί, πλάθω μικρά μικρά μπιφτεκάκια και τα βάζω στο ταψί. Τα ψήνω 15 λεπτά, τα γυρίζω και από την άλλη μεριά και ψήνω γύρω στα 10 λεπτά ακόμη.

Αν θέλω, πριν τα βγάλω από το φούρνο, βάζω από πάνω λίγο τυρί κίτρινο να λιώσει.

Με αυτόν τον τρόπο τα παιδιά θα τρώνε λαχανικά χωρίς να το καταλαβαίνουν.

ΥΛΙΚΑ

- 4 πατάτες βρασμένες τριμμένες
- 2-3 κολοκυθάκια βρασμένα τριμμένα
- 2-3 καρότα βρασμένα τριμμένα
- λίγο ψιλοκομμένο δυόσμο
- λίγο ψιλοκομμένο μαϊντανό
- 1 ντομάτα τριμμένη
- 3 κουταλιές σούπας φρυγανιά τρίμμα
- αλάτι, πιπέρι
- 4 κουταλιές σούπας λάδι

ΡΕΝΑ ΤΗΣ ΦΤΕΛΙΑΣ

Σνακ

Θα αγαπήσουν τα τυροκομικά

Κεκάκια με τυριά

Ανάβω το φούρνο στους 170-180 βαθμούς.

Σε μία λεκάνη ανακατεύω καλά όλα τα υλικά να ενωθούν μεταξύ τους. Χωρίζω το μείγμα σε μπαλάκια και γεμίζω τις θήκες (με σιλικόνη ή χάρτινες).

Βάζω τα κεκάκια στο φούρνο και ψήνω γύρω στα 45-50 λεπτά να φουσκώσουν και να πάρουν ένα ωραίο ξανθό χρώμα.

Με αυτό τον τρόπο τα παιδιά μας τρώνε τυριά.

Αν θέλω μπορώ να βάλω και λίγο ψιλοκομμένο δυόσμο.

Μυστικό

Να αποφεύγετε λαχανικά και αρωματικά φυτά για γαρνιτούρα κατά το σερβίρισμα. Δεν εντυπωσιάζονται τα παιδιά.

Επίσης, επιλέγουμε τυριά που δεν είναι αλμυρά.

ΥΛΙΚΑ

- 250 γραμμάρια αλεύρι που φουσκώνει μόνο του
- 150 γραμμάρια βούτυρο λιωμένο
- 150 γραμμάρια κασέρι τριμμένο
- 150 γραμμάρια γραβιέρα τριμμένη
- 150 γραμμάρια φέτα τριμμένη
- 150 γραμμάρια λουκανικάκια σε κυβάκια (προαιρετικό)
- λίγο πιπέρι
- 3-4 αυγά

ΛΙΧΟΥΔΙΕΣ ΚΑΙ ΜΥΣΤΙΚΑ ΓΙΑ ΠΑΙΔΙΑ ΠΟΥ ΔΕΝ ΤΡΩΝΕ

Τέλειο για όλες τις ώρες για τα παιδιά

Αφράτη ζύμη με κιμά

Ανάβω το φούρνο στους 180 βαθμούς.

Σε μία λεκάνη βάζω όλα τα υλικά της ζύμης, τα ζυμώνω καλά και κάνω μικρά μπαλάκια. Σε μία κατσαρόλα βάζω το λάδι και μόλις ζεσταθεί βάζω το κρεμμύδι, κιμά και τσιγαρίζω 3-4 λεπτά. Προσθέτω ντομάτα, αλάτι, πιπέρι ζάχαρη, 1 ποτήρι νερό και αφήνω τον κιμά να βράσει καλά και να πιει τα ζουμιά του.
Μόλις είναι έτοιμος τον αφήνω να κρυώσει καλά.

Απλώνω με τα χέρια μου την ζύμη, βάζω μία κουταλιά σούπας από τον κιμά και κλείνω τα πιτάκια.

Τα βάζω σε ένα ταψί που έχω λαδώσει και ψήνω γύρω στα 25 - 30 λεπτά.

ΥΛΙΚΑ ΖΥΜΗΣ

- 500 γραμμάρια αλεύρι που φουσκώνει μόνο του
- 200 γραμμάρια σέβεν απ

ΥΛΙΚΑ ΓΕΜΙΣΗΣ

- 100 γρ. ηλιέλαιο
- λίγο ζάχαρη
- λίγο αλάτι
- 500 γραμμάρια κιμά
- 1 κρεμμύδι τριμμένο
- 1 ντομάτα τριμμένη
- 1 ποτηράκι κρασιού λάδι
- αλάτι, πιπέρι, ζάχαρη

ΡΕΝΑ ΤΗΣ ΦΤΕΛΙΑΣ

Γεύμα

Τρώγονται με σαλάτα, πιλάφι ή ότι άλλο θέλουνε τα παιδιά

Μπιφτέκια με ψητές ντομάτες

Ανάβω το φούρνο στους 180 βαθμούς.

Βάζω το ψωμί σε νερό χωρίς την κόρα να μουλιάσει. Μετά το στύβω πολύ καλά. Σε μία λεκάνη βάζω το ψωμί, κιμά, κρεμμύδι, ντομάτα, μαϊντανό, αλάτι, πιπέρι, ρίγανη, αυγό και ζυμώνω πολύ καλά. Βάζω λίγο λάδι στο ταψί, πλάθω τα μπιφτεκάκια και τα βάζω στο ταψί. Τα ψήνω από την μία μεριά γύρω στα 15 λεπτά, τα γυρίζω και τα ψήνω και από την άλλη μεριά γύρω στα 10 λεπτά. Μετά βάζω μία ροδέλα ντομάτα σε κάθε μπιφτέκι, λίγο αλάτι, ρίγανη, ζάχαρη και βάζω το ταψί στο φούρνο γύρω στα 5 λεπτά.

Τρώγονται με σαλάτα, πιλάφι ή ότι άλλο θέλουνε τα παιδιά.

Μυστικό

Αποφύγετε διακόσμηση με φρέσκα αρωματικά. Συνήθως δεν αρέσουν στα παιδιά.

ΥΛΙΚΑ

- 500 γραμμάρια μοσχαρίσιο κιμά
- 250 γραμμάρια ψωμί ξερό
- 1 κρεμμύδι ξερό τριμμένο
- 1 ντομάτα τριμμένη
- 10 φέτες ντομάτα
- λίγο ψιλοκομμένο μαϊντανό
- αλάτι, πιπέρι, ρίγανη, ζάχαρη
- 1 αυγό

ΡΕΝΑ ΤΗΣ ΦΤΕΛΙΑΣ

Γεύμα

ΛΙΧΟΥΔΙΕΣ ΚΑΙ ΜΥΣΤΙΚΑ ΓΙΑ ΠΑΙΔΙΑ ΠΟΥ ΔΕΝ ΤΡΩΝΕ

Τέλειο για σχολείο, απόγευμα και για πάρτι

Παιδική πίτσα

Ανάβω το φούρνο στους 180 βαθμούς.

Σε μία λεκάνη βάζω τη λιωμένη μαργαρίνη, το αλεύρι, αυγό, γιαούρτι, αλάτι, πιπέρι και τη ζάχαρη. Τα ανακατεύω όλα μαζί να γίνουν μία ωραία μαλακή ζύμη.

Σε μία κατσαρόλα βάζω το λάδι και μόλις ζεσταθεί λίγο προσθέτω κρεμμύδι, κιμά και τσιγαρίζω 3-4 λεπτά. Προσθέτω ντομάτα, αλάτι, πιπέρι, ζάχαρη, χυμό ντομάτας, 1 ποτήρι νερό και αφήνω το φαγητό να βράσει και να πιει όλα του τα ζουμιά.

Κάνω μικρά πιτάκια με το ζυμάρι, βάζω λίγο τριμμένο τυρί από πάνω, μία κουταλιά κιμά και από πάνω λίγο ακόμη τυρί.

Όταν τελειώσω τα βάζω στο ταψί και ψήνω γύρω στα 40-45 λεπτά.

ΥΛΙΚΑ ΖΥΜΗΣ

- 500 γρ. αλεύρι που φουσκώνει μόνο του
- 1 μικρό κεσεδάκι γιαούρτι
- 230 γρ. μαργαρίνη
- 1 αυγό
- αλάτι - πιπέρι - ζάχαρη

ΥΛΙΚΑ ΓΕΜΙΣΗΣ

- 800 γρ. κιμά μοσχαρίσιο
- 2 ντομάτες χοντροκομμένες και ξεφλουδισμένες
- 1 φλ. τσαγιού σταφίδα
- 1 ποτήρι νερού χυμό ντομάτας
- 1 κρεμμύδι τριμμένο
- 400 γρ. κασέρι τριμμένο
- 1 ποτηράκι κρασιού λάδι

ΡΕΝΑ ΤΗΣ ΦΤΕΛΙΑΣ

Γεύμα

Νόστιμες μπουκίτσες

Κοτόπουλο με μακαρονάκι

Παίρνω φιλέτο κοτόπουλο και το κόβω μπουκίτσες.

Βάζω λάδι στην κατσαρόλα και μόλις ζεσταθεί προσθέτω κρεμμύδι, κοτόπουλο και τσιγαρίζω 4-5 λεπτά.

Προσθέτω ντομάτες, αλάτι, πιπέρι, ζάχαρη, νερό και αφήνω το φαγητό να βράσει. Σε μία κατσαρόλα βάζω νερό να βράσει.

Μόλις βράσει βάζω το μακαρονάκι και το βράζω 2-3 λεπτά λιγότερο από ότι γράφει το κουτί.

Τα σουρώνω μόλις είναι έτοιμα και τα προσθέτω στην κατσαρόλα που έχω το κοτόπουλο. Κουνάω την κατσαρόλα να ανακατευτούν όλα τα υλικά. Τα αφήνω 2-3 λεπτά και σβήνω τη φωτιά.

Σερβίρω όπως είναι ζεστό το φαγητό με τριμμένο τυρί. Και εδώ, ας λείπει ο μαϊντανός!

ΥΛΙΚΑ

- 1300 - 1500 γραμμάρια κοτόπουλο (φιλέτο)
- 1 κρεμμύδι κυβάκια
- 1 κιλό ντομάτες κομμένες στο μούλτι
- 1 ποτηράκι λάδι
- αλάτι - πιπέρι - ζάχαρη
- 500 γραμμάρια μακαρονάκι κοφτό
- λίγο κασέρι τριμμένο

ΡΕΝΑ ΤΗΣ ΦΤΕΛΙΑΣ

> Γεύμα

Αστεράτη με πεπονάκι

Ψαρόσουπα

Βάζω σε μία κατσαρόλα νερό και, μόλις βράσει, βάζω τα πατατάκια, τα καρότα, το κρεμμύδι, τα κολοκυθάκια, το σέλινο, το σέλερι, το χυμό, το αλάτι και το πιπέρι. Βράζω γύρω στα 15-20 λεπτά.

Μετά προσθέτω το ψάρι και αφήνω να βράσει γύρω στα 20 λεπτά ακόμη. Βγάζω το ψάρι και το ξεκοκαλίζω με μεγάλη προσοχή.

Σε μία άλλη κατσαρόλα βάζω τα βρασμένα λαχανικά, σουρώνω και το ζουμί και το βάζω στην κατσαρόλα. Μόλις βράσει προσθέτω το ζυμαρικό και ανακατεύω συνέχεια. Το αφήνω να βράσει και αυτό, προσθέτω το ψάρι και σβήνω τη φωτιά.

Είναι μία πολύ ωραία σούπα για μικρούς και μεγάλους.

Παραλλαγή

Στα παραπάνω υλικά προσθέστε 4-5 ξεφλουδισμένες ντομάτες.

ΥΛΙΚΑ

- 1 κιλό ψάρι για σούπα
- 3-4 πατατάκια
- 3-4 καρότα σε ροδέλες
- 1 κρεμμύδι ξερό
- 3-4 κολοκυθάκια
- 1 κούπα τσαγιού πεπονάκι (ζυμαρικό)
- σέλινο - σέλερι
- 1 ποτηράκι κρασιού χυμό λεμόνι
- αλάτι - πιπέρι

ΡΕΝΑ ΤΗΣ ΦΤΕΛΙΑΣ

Πάρτι

Εδώ το ρίχνουμε και λίγο έξω

Τούρτα αλμυρή

Ανάβω το φούρνο στους 180 βαθμούς.

Σε μία λεκάνη βάζω όλα τα υλικά και τα ανακατεύω. Αν θέλω βάζω και λίγο ψιλοκομμένο φρέσκο δυόσμο.

Παίρνω μία φόρμα του κέικ με την τρύπα. Αλείφω με το βούτυρο την φόρμα, απλώνω ένα-ένα φύλλο και το βουτυρώνω, σε κάθε φύλλο απλώνω λίγο από το μίγμα ώσπου να τελειώσει. Όταν τελειώσει διπλώνω τις άκρες από τα φύλλα και ρίχνω από πάνω την υπόλοιπη μαργαρίνη. Βρέχω τα χέρια μου με νερό και ραντίζω από πάνω την πίτα. Βάζω την φόρμα στο φούρνο και ψήνω γύρω στην μία ώρα. Μόλις είναι έτοιμη την αφήνω πέντε λεπτά, βάζω την φόρμα σε μία πιατέλα και την γυρίζω ανάποδα.

Λαχταριστή και εντυπωσιακή.

ΥΛΙΚΑ

- 10 φύλλα κρούστας
- 150 γραμμάρια μαργαρίνη λιωμένη
- 1 κεσεδάκι γιαούρτι
- 2-3 λουκανικάκια σε κυβάκια
- 2-3 φέτες ζαμπόν σε κυβάκια
- 2-3 φέτες μπέικον σε κυβάκια
- 2 κουταλιές τυρί κρέμα
- μισή πιπεριά κόκκινη και μισή πράσινη σε κυβάκια
- 300 γλυκό κασέρι τριμμένο. Για τους μεγάλους προσθέστε ροκφόρ (φωτ.)
- 2-3 αυγά

ΡΕΝΑ ΤΗΣ ΦΤΕΛΙΑΣ

Σνακ

Για να παίρνουν τα παιδιά μαζί τους στο σχολείο

Κριτσινάκια με τυρί

Ανάβω το φούρνο στους 180 βαθμούς.

Σε μία λεκάνη βάζω αλεύρι, βούτυρο, ζάχαρη, τυρί, γάλα και τα ζυμώνω όλα μαζί.

Αλευρώνω τον πάγκο της κουζίνας και κάνω με την ζύμη κριτσίνια σε ότι σχήμα θέλω.

Λαδώνω ένα ταψί και βάζω μέσα τα κριτσίνια. Με ένα πινέλο τα λαδώνω (πολύ λίγο λάδι) και από πάνω απλώνω το σουσάμι.

Βάζω το ταψί στο φούρνο και ψήνω γύρω στα 12 - 15 λεπτά περίπου.

ΥΛΙΚΑ

- 200 γραμμάρια τυρί τριμμένο (κασέρι)
- 5-6 κουταλιές σούπας βούτυρο λιωμένο
- 1 φλιτζάνι τσαγιού αλεύρι
- μία πρέζα ζάχαρη (μισό κουταλάκι γλυκού)
- 2 κουταλιές γάλα
- λίγο σουσάμι
- λίγο αλεύρι - λίγο λάδι

ΡΕΝΑ ΤΗΣ ΦΤΕΛΙΑΣ

> Σνακ

Τρώγονται και ζεστά και κρύα

Μπισκότα αλμυρά

Ανάβω το φούρνο στους 180 βαθμούς.

Ανακατεύω το αλεύρι με το μπέικιν σε μία λεκάνη, προσθέτω όλα τα υπόλοιπα υλικά και τα ανακατεύω να ενωθούν μεταξύ τους. Γίνεται μία ωραία μαλακή ζύμη.

Στρώνω σε ένα ταψί μία λαδόκολλα, πλάθω μικρά μπισκοτάκια (ή χρησιμοποιώ φορμάκια για μπισκότα) και τα απλώνω πάνω στη λαδόκολλα.

Βάζω το ταψί στο φούρνο και ψήνω γύρω στα 25 λεπτά.

ΥΛΙΚΑ

- 400 γραμμάρια αλεύρι
- 60 γραμμάρια πεκορίνο τριμμένο
- 200 γραμμάρια γραβιέρα τριμμένη
- 200 γραμμάρια ανθότυρο χοντροκομμένο
- 100 γραμμάρια φέτα χοντροκομμένη
- 200 γραμμάρια λάδι
- 2 αυγά
- 1 κουταλάκι μπέικιν πάουντερ
- λίγο ψιλοκομμένο δυόσμο

ΛΙΧΟΥΔΙΕΣ ΚΑΙ ΜΥΣΤΙΚΑ ΓΙΑ ΠΑΙΔΙΑ ΠΟΥ ΔΕΝ ΤΡΩΝΕ

Όσο πιο μικρά τόσο πιο εύκολα τα τρώνε τα παιδιά

Ρολάκια με ομελέτα

Ανάβω το φούρνο στους 180 βαθμούς. Σε μία λεκάνη βάζω τον κιμά, το ψωμί πολύ καλά στραγγισμένο, κρεμμύδι, ντομάτα, αλάτι, πιπέρι, ρίγανη, μαϊντανό και τα ζυμώνω πολύ καλά. Βάζω σε μία λεκάνη τα αυγά και τα χτυπάω, προσθέτω ντομάτα, τυρί. Σε αντικολλητικό τηγάνι βάζω το λάδι και μόλις ζεσταθεί λίγο προσθέτω τα αυγά για 2-3 λεπτά, γυρίζω άλλα 2-3 λεπτά και από την άλλη μεριά, σβήνω τη φωτιά και βάζω την ομελέτα σε ένα πιάτο. Κάνω μικρά μικρά μπιφτεκάκια και σε κάθε μπιφτεκάκι βάζω μία κουταλιά σούπας ομελέτα. Κλείνω τα μπιφτεκάκια, τα πλάθω σαν ρολάκια. Λαδώνω ένα ταψί και βάζω τα ρολάκια. Τα ψήνω στο γκριλ 15 λεπτά από την μία μεριά και 15 από την άλλη.

Τρώγονται ζεστά με πατάτες τηγανητές.

ΥΛΙΚΑ

- 500 γραμμάρια κιμά
- 250 γραμμάρια ψωμί ξερό, μουλιασμένο
- 1 κρεμμύδι ξερό τριμμένο
- 1 ντομάτα τριμμένη στον τρίφτη
- αλάτι - πιπέρι - ρίγανη - μαϊντανό ψιλοκομμένο

ΓΙΑ ΤΗΝ ΟΜΕΛΕΤΑ

- 3 αυγά
- 200 γραμμάρια τυρί τριμμένο
- 1 ντομάτα κυβάκια
- 2 κουταλιές σούπας λάδι

ΡΕΝΑ ΤΗΣ ΦΤΕΛΙΑΣ

Σνακ

Μία άλλη τάρτα

Μπανάνες με σοκολάτα

Ανάβω το φούρνο στους 170 βαθμούς.

Σε μία λεκάνη βάζω και ζυμώνω όλα τα υλικά της τάρτας.

Λιώνω με το πιρούνι τις μπανάνες. Σε χαμηλή φωτιά βάζω τις μπανάνες, ζάχαρη, κανέλα, φουντούκια, ξύσμα, χυμό και ποτό. Τα ανακατεύω να ενωθούν όλα τα υλικά σε χαμηλή φωτιά γύρω στα 8 -10 λεπτά. Μετά προσθέτω σοκολάτα και τα ανακατεύω.

Σβήνω τη φωτιά. Κάνω με τη ζύμη μικρά ταρτάκια και σε κάθε ένα βάζω μία κουταλιά της σούπας.

Τα βάζω σε ένα ταψί και ψήνουμε γύρω στα 20 λεπτά.

Τα βγάζω από το φούρνο και βάζω από πάνω ζάχαρη άχνη ή μια φέτα μπανάνα και λίγο μέλι.

Παραλλαγή

Μπορείτε να αποφύγετε το γκραν μαρνιέ.

ΥΛΙΚΑ

- 1 κιλό μπανάνες
- 1 φλ. τσαγιού ζάχαρη καστανή και άλλη 1 φουντούκια τριμμένα
- 1 κ.σ. κανέλα τριμμένη
- ξύσμα από 1 πορτοκάλι
- λίγη ζάχαρη άχνη
- 1/2 ποτηράκι χυμό λεμόνι
- 200 γρ. σοκολάτα κυβάκια
- 3 κ.γ. γκραν μαρνιέ

ΓΙΑ ΤΗΝ ΤΑΡΤΑ

- 4 φλ. τσαγιού αλεύρι
- 1/2 φλ. γάλα και άλλο τόσο λάδι
- 1 κ.γ. μπέικιν
- 1/2 κ.γ. ζάχαρη και άλλο τόσο αλάτι

ΡΕΝΑ ΤΗΣ ΦΤΕΛΙΑΣ

Γεύμα

Κολοκύθια γεμιστά

Βαρελάκια

Πλένω τα κολοκύθια, κόβω το επάνω μέρος, τα ανοίγω με προσοχή και τα αδειάζω με ένα κουταλάκι). Σε μία κατσαρόλα βάζω το λάδι και μόλις ζεσταθεί προσθέτω κρεμμύδι, κιμά και σοτάρω για 2-3 λεπτά. Προσθέτω ντομάτα (χυμό), αλάτι, πιπέρι, μαϊντανό, ζάχαρη και ένα ποτήρι νερό. Μόλις πάρει βράση προσθέτω και το ρύζι. Ανακατεύω να μην κολλήσει και αφήνω να βράσει και να πιει το ζουμί του. Μόλις βράσει αφήνω λίγο να κρυώσει. Γεμίζω ένα ένα κολοκύθι και τα σκεπάζω με το καπάκι που έκοψα. Βάζω σε μία φαρδιά κατσαρόλα τα βαρελάκια (κολοκύθια), ένα ποτήρι νερό, το ένα φλιτζανάκι λάδι, τη σάρκα ψιλοκομμένη που άδειασα από τα κολοκύθια, λίγο αλάτι και βάζω την κατσαρόλα στη φωτιά να βράσουν. Αρέσει στα παιδιά αυτό το φαγητό γιατί τους αρέσουν το σχήμα όπως είναι στρογγυλά.

ΥΛΙΚΑ

- 10 κολοκυθάκια στρογγυλά
- 500 γραμμάρια κιμά
- 1 κρεμμύδι ξερό τριμμένο
- 1 ποτήρι χυμό ντομάτας
- 1 ποτηράκι λάδι
- μισό ματσάκι μαϊντανό ψιλοκομμένο
- αλάτι - πιπέρι - ζάχαρη
- 1 φλιτζανάκι ρύζι γλασέ
- 1 φλιτζανάκι λάδι

ΡΕΝΑ ΤΗΣ ΦΤΕΛΙΑΣ

Σνακ - Συνοδευτικό

Αν θέλουμε, ρίχνουμε σουσάμι από πάνω πριν το ψήσιμο

Ψωμάκια με καρύδι

Ανάβω το φούρνο στους 200 βαθμούς.

Σε μία λεκάνη βάζω το αλεύρι, λάδι, ζάχαρη, αλάτι και την μπύρα. Τα ζυμώνω όλα πολύ καλά να ενωθούν μεταξύ τους. Τα κάνω μικρά μπαλάκια, τα ανοίγω στη μέση, βάζω μία κουταλιά καρύδι και τα κλείνω.

Βάζω λαδόκολλα σε ένα ταψί και απλώνω επάνω τα μπαλάκια του ψωμιού. Τα σκεπάζω με μία μεμβράνη και τα αφήνω γύρω στα 30 λεπτά. Μετά βγάζω τη μεμβράνη και βάζω το ταψί στο φούρνο να ψηθούν γύρω στα 40-45 λεπτά.

Παραλλαγή

Αν θέλω, αντί για καρύδι μπορώ να βάλω ψιλοκομμένη λιαστή ντομάτα.

ΥΛΙΚΑ

- 1 κουτάκι μικρό μπύρα
- 500 γραμμάρια αλεύρι που φουσκώνει μόνο του
- 1 κουταλιά σούπας λάδι
- 1 κουταλιά σούπας ζάχαρη
- 1 κουταλάκι αλάτι (του γλυκού)
- 200 γραμμάρια τριμμένο καρύδι

ΡΕΝΑ ΤΗΣ ΦΤΕΛΙΑΣ

Γεύμα

Ωραίο κολατσιό ή φαγητό για το σχολείο

Κροκέτες κοτόπουλο

Σε μία λεκάνη βάζω κιμά, μαϊντανό, αυγά, κρεμμύδι, φρυγανιά, αλάτι, πιπέρι και το λάδι. Τα ζυμώνω να ενωθούν όλα τα υλικά. Σκεπάζω με μεμβράνη τη λεκάνη και τη βάζω στο ψυγείο γύρω στη μία ώρα.

Απλώνω σε μία πιατέλα το αλεύρι. Σε άλλη πιατέλα χτυπάω τα αυγά με το λάδι και σε άλλη πιατέλα απλώνω την φρυγανιά. Πλάθω μικρά μικρά κροκετάκια.

Περνάω τα κροκετάκια πρώτα από το αλεύρι, μετά από το αυγό και τέλος από τη φρυγανιά. Βάζω λάδι στην κατσαρόλα και μόλις ζεσταθεί αλευρώνω τα κροκετάκια, μετά αυγό και μετά φρυγανιά.

Βάζω ένα ένα κροκετάκι, τηγανίζω με προσοχή να μην καούν και τα βγάζω με τρυπητή κουτάλα.

Είναι για τα παιδιά πολύ ωραίο για το σχολείο. Τρώγονται ζεστά και κρύα.

ΥΛΙΚΑ

- 1 κιλό κιμά από κοτόπουλο
- Μισό ματσάκι ψιλοκομμένο μαϊντανό
- 1 κρεμμύδι τριμμένο στον τρίφτη
- 2 αβγά
- 200 γραμμάρια τρίμμα φρυγανιάς
- αλάτι - πιπέρι
- 1 φλιτζανάκι του καφέ λάδι

ΓΙΑ ΤΟ ΠΑΝΑΡΙΣΜΑ

- 400 γραμμάρια αλεύρι
- 2-3 αυγά
- 300 γραμμάρια φρυγανιά
- 3-4 κουταλιές λάδι

ΡΕΝΑ ΤΗΣ ΦΤΕΛΙΑΣ

Γεύμα

Με φέτα, ζαμπόν και ντοματίνια

Σουβλάκια

Σε μία λεκάνη βάζω τη φέτα με όλα τα αρωματικά και αφήνω γύρω στη μισή ώρα.

Παίρνω ένα ένα ξυλαράκι και περνάω ντοματίνι, φέτα, ντοματίνι, ζαμπόν.

Έχω ετοιμάσει πατάτες τηγανητές, τις βάζω σε ένα πιάτο και σερβίρω με τα σουβλάκια.

Σκέτη απόλαυση για τα παιδιά.

Παραλλαγές

Περνάτε στα ξυλαράκια για τα σουβλάκια όποιο συνδυασμό λαχανικών και τυριών θέλετε.

ΥΛΙΚΑ

- 20 κύβους φέτα σαν καρύδι
- 20 κύβους ζαμπόν σαν καρύδι
- 20 ντοματίνια ολόκληρα
- μισό ματσάκι ψιλοκομμένη ρίγανη
- ½ ποτηράκι του κρασιού λάδι
- λίγο φρέσκο θυμάρι
- ξυλαράκια για τα σουβλάκια

ΡΕΝΑ ΤΗΣ ΦΤΕΛΙΑΣ

Γεύμα

Με ντοματίνια

Κοτόπουλο στο φούρνο

Ανάβω το φούρνο στους 180 βαθμούς.

Κόβω το κοτόπουλο σε μερίδες σε μία λεκάνη, βάζω τις πατάτες, τις αλατοπιπερώνω, βάζω ντοματίνια, τη σάρκα από τα πορτοκάλια και το ξύσμα, αλάτι, πιπέρι, ρίγανη και τα ανακατεύω. Βάζω στο ταψί το κοτόπουλο και όλα τα υλικά, προσθέτω 2 ποτήρια νερό, το σκεπάζω με αλουμινόχαρτο και το βάζω στο φούρνο να ψηθεί γύρω στα 50-55 λεπτά. Αν χρειαστεί θα προσθέσω λίγο νερό.

Βγάζω το αλουμινόχαρτο όταν έχει γίνει το φαγητό και το αφήνω στο φούρνο γύρω στα 10 λεπτά να πάρει χρώμα.

ΥΛΙΚΑ

- 1200 - 1500 γρ. (ένα κοτόπουλο)
- 1 κιλό πατάτες μπέιμπυ
- 500 γραμμάρια ντοματίνια
- 2-3 πορτοκάλια
- 1 ποτηράκι λάδι
- 1 ποτηράκι χυμό λεμόνι
- αλάτι - πιπέρι - ρίγανη

ΡΕΝΑ ΤΗΣ ΦΤΕΛΙΑΣ

Γεύμα

Απίθανη γεύση

Μήλα γεμιστά με κιμά

Ανοίγω τα μήλα (όπως τις ντομάτες για γέμισμα), τα ραντίζω με το χυμό του λεμονιού για να μη μαυρίσουν.

Βάζω λάδι στην κατσαρόλα και, μόλις ζεσταθεί, προσθέτω κρεμμύδι, κιμά και τσιγαρίζω 4-5 λεπτά. Προσθέτω χυμό ντομάτας, ντομάτες, αλάτι, πιπέρι και αφήνω τον κιμά να βράσει και να πιει τα ζουμιά του. Μόλις είναι έτοιμο το φαγητό το αφήνω λίγο να κρυώσει και αρχίζω να γεμίζω τα μήλα. Βάζω όλα τα μήλα σε μία φαρδιά κατσαρόλα, σκεπάζω το κάθε ένα με το καπάκι τους.

Προσθέτω τη σάρκα από τα μήλα, το λάδι και ένα ποτήρι νερό που έχω διαλύσει το πελτέ. Βάζω το φαγητό στη φωτιά και το αφήνω να βράσει. Κουνάω την κατσαρόλα να μην κολλήσει.

Γίνονται ακόμα και σε ταψί στο φούρνο, όπως τα κλασικά γεμιστά.

ΥΛΙΚΑ

- 10-12 μήλα
- 500 γραμμάρια κιμά
- 1 ποτηράκι λάδι
- 1 ποτήρι χυμό ντομάτας και 1 κουταλιά πελτέ
- 2 τομάτες ολόκληρες ξεφλουδισμένες
- αλάτι - πιπέρι
- λίγο χυμό λεμόνι
- 1 κρεμμύδι κυβάκια (ξερό)
- 1 φλυτζανάκι λάδι

ΡΕΝΑ ΤΗΣ ΦΤΕΛΙΑΣ

Γεύμα

γέλης Πατεράκης

ΛΙΧΟΥΔΙΕΣ ΚΑΙ ΜΥΣΤΙΚΑ ΓΙΑ ΠΑΙΔΙΑ ΠΟΥ ΔΕΝ ΤΡΩΝΕ

Τα παιδιά τα λατρεύουν!

Γιουβαρλάκια της γιαγιάς

Σε μία λεκάνη βάζω κιμά, ρύζι, αυγό, ντομάτα, κρεμμύδι, μαϊντανό, αλάτι, πιπέρι, λάδι. Τα ζυμώνω όλα πολύ καλά και κάνω μικρά μπαλάκια (σαν καρύδι). Σε μία κατσαρόλα βάζω νερό. Μόλις βράσει βάζω τις πατάτες, το λάδι, ντομάτες, λίγο αλάτι, τον χυμό λεμονιού και αφήνω τις πατάτες να βράσουν 10-15 λεπτά. Σε ένα πιάτο μεγάλο βάζω το αλεύρι και αλευρώνω τα γιουβαρλάκια. Τα βάζω και αυτά στην κατσαρόλα και αφήνω το φαγητό να βράσει και να χυλώσει.

Είναι πολύ ωραίο φαγητό για τα παιδιά.

ΥΛΙΚΑ

- 500 γρ. κιμά μοσχαρίσιο
- 200 γρ. ρύζι γλασέ
- 1 αυγό
- 1 ντομάτα τριμμένη στον τρίφτη
- 1 κρεμμύδι τριμμένο στον τρίφτη
- λίγο ψιλοκομμένο μαϊντανό
- αλάτι - λίγο πιπέρι
- ½ ποτηράκι λάδι
- ½ ποτηράκι χυμό λεμόνι
- 3-4 πατάτες κομμένες κυβάκια
- 2-3 τομάτες κομμένες κυβάκια
- λίγο αλεύρι και μισό ποτηράκι λάδι

95

ΡΕΝΑ ΤΗΣ ΦΤΕΛΙΑΣ

Σνακ

Εδώ γλείφουμε και τα δάχτυλά μας!

Τηγανίτες με τρίμμα σοκολάτας

Ανακατεύω το αλεύρι με το μπέικιν πάουντερ.

Σε μία λεκάνη βάζω ζάχαρη, αλεύρι, αυγά, γάλα, αλάτι, ξύσμα και τα ανακατεύω να ενωθούν μεταξύ τους πολύ καλά. Βάζω λάδι σε ένα βαθύ τηγάνι και μόλις ζεσταθεί βάζω κουταλιά-κουταλιά από το μείγμα.

Τηγανίζω με προσοχή και από τις δύο μεριές. Βάζω τις τηγανίτες σε μία πιατέλα και τρίβω από πάνω την σοκολάτα.

Παραλλαγές

Αντί για σοκολάτα, μπορώ να βάλω σιρόπι σοκολάτας, καραμέλα, μέλι, μαρμελάδες, άχνη ζάχαρη και ό,τι άλλο σας αρέσει!

ΥΛΙΚΑ

- 4 αυγά
- μισό φλιτζάνι τσαγιού ζάχαρη
- 1 φλιτζάνι τσαγιού γάλα
- 2 φλιτζάνια τσαγιού αλεύρι για όλες τις χρήσεις
- 1 κουταλιά σούπας μπέικιν
- μία πρέζα αλάτι
- ξύσμα από 1 λεμόνι
- 200 γραμμάρια τριμμένη σοκολάτα
- λάδι για το τηγάνισμα

ΡΕΝΑ ΤΗΣ ΦΤΕΛΙΑΣ

> Γεύμα

Το παρεξηγημένο...

Σπανακόρυζο

Πλένω, ψιλοκόβω το σπανάκι και το αφήνω να στραγγίσει καλά.

Βάζω στην κατσαρόλα το λάδι και μόλις ζεσταθεί βάζω τα κρεμμυδάκια για 3-4 λεπτά, τα τσιγαρίζω, προσθέτω σπανάκι, ρύζι, ντομάτα, αλάτι, πιπέρι, ένα ποτήρι νερού νερό ζεστό και ανακατεύω να μην κολλήσει το ρύζι. Όταν είναι έτοιμο το ρύζι προσθέτω το χυμό λεμονιού, ξύσμα, το αφήνω να πάρει 2-3 βράσεις και σβήνω την φωτιά.

Το νερό όταν το βάλω στο σπανακόρυζο πρέπει να είναι ζεστό για να μη λασπώσει το ρύζι.

Αν θέλω κόβω και ένα πορτοκάλι (τη σάρκα) και το βάζω μέσα στο φαγητό.

Μυστικό

Στα παιδιά αρέσει το λεμόνι και να τους τρίβετε κάποιο τυρί από πάνω, όπως φέτα ή παρμεζάνα.

ΥΛΙΚΑ

- 1 κιλό σπανάκι
- 1 φλιτζανάκι ρύζι γλασέ
- 1 ποτηράκι λάδι
- μισό ματσάκι ψιλοκομμένο άνηθο
- 7-8 κρεμμυδάκια φρέσκα ψιλοκομμένα
- 1 ντομάτα ολόκληρη ξεφλουδισμένη
- 1 φλιτζανάκι χυμό λεμόνι
- αλάτι - πιπέρι
- ξύσμα από ένα λεμόνι

ΙΔΕΑ ΣΕΡΒΙΡΙΣΜΑΤΟΣ

- Μπορείτε να βάλετε το σπανακόριζο σε μπολάκι και να το σερβίρετε όπως το πιλάφι, σαν λοφάκι.

ΡΕΝΑ ΤΗΣ ΦΤΕΛΙΑΣ

Γεύμα

Τα λουκανικάκια είναι προαιρετικά

Πατατούλες με φέτα

Βάζω λάδι στην κατσαρόλα και μόλις ζεσταθεί προσθέτω κρεμμύδι, τσιγαρίζω 3-4 λεπτά, προσθέτω πατατάκια, λουκανικάκια κομμένα στα δύο, ντοματίνια ολόκληρα, αλάτι, κανέλα, ζάχαρη, 2 ποτήρια νερού νερό και αφήνω το φαγητό να βράσει και να πιει τα ζουμιά του.

Όταν είναι έτοιμο προσθέτω τη φέτα, αφήνω να πάρει 2-3 βράσεις κουνώντας την κατσαρόλα και σβήνω τη φωτιά.

Αν δεν θέλω φέτα μπορώ να βάλω κασέρι κομμένο σαν καρύδι.

Παραλλαγή

Γίνεται και με κίτρινα τυριά ή μείγμα κίτρινων τυριών και φέτας. Επίσης, αντί για κατσαρόλα, μπορούμε να το μαγειρέψουμε σε πυρέξ και στο φούρνο (φωτ.).

ΥΛΙΚΑ

- 1 κιλό πατάτες ολόκληρες (τις μικρές)
- 10-12 λουκανικάκια μικρά
- 10-12 ντοματίνια ολόκληρα
- 1 ποτηράκι του κρασιού λάδι
- αλάτι - κανέλα - ζάχαρη
- 1 κρεμμύδι ξερό σε κυβάκια
- 200 γραμμάρια φέτα χοντροκομμένη

ΡΕΝΑ ΤΗΣ ΦΤΕΛΙΑΣ

> Γεύμα

Γίνεται και σε ατομικές μερίδες

Σπανάκι με τυριά

Ανάβω τον φούρνο στους 180 βαθμούς.
Πλένω το σπανάκι πολύ καλά και το αφήνω να στραγγίσει. Βάζω νερό στην κατσαρόλα. Μόλις βράσει βάζω το σπανάκι για 2-3 λεπτά και το βγάζω από την κατσαρόλα. Το βάζω στο σουρωτήρι και το αφήνω να στραγγίσει.
Βουτυρώνω ένα ταψί, απλώνω το σπανάκι.
Σε μία λεκάνη ανακατεύω τα αυγά, ζαμπόν, τυριά και τα βάζω πάνω από το σπανάκι. Από πάνω απλώνω την τριμμένη φρυγανιά.
Βάζω το ταψί στο φούρνο και ψήνω γύρω στα 20-25 λεπτά.

ΥΛΙΚΑ

- 1500 γραμμάρια σπανάκι
- 400 γραμμάρια τυριά κίτρινα τριμμένα
- 3 αυγά
- 4 φέτες ζαμπόν κομμένο σε κυβάκια
- 1 κουταλιά βούτυρο
- 4 κουταλιές σούπας τρίμμα φρυγανιά

ΡΕΝΑ ΤΗΣ ΦΤΕΛΙΑΣ

Σνακ

Γίνεται και σε ατομικές μερίδες - Μοιάζει με τηγανίτα

Ομελέτα με μέλι

Σε μία λεκάνη βάζω το αλεύρι, τα χτυπημένα αυγά και τα βάζω μέσα στη λεκάνη, βάζω το γάλα, αλάτι, πιπέρι, πάπρικα. Ανακατεύω όλα τα υλικά πολύ καλά να γίνουν ένας χυλός.

Βάζω σε ένα τηγάνι λάδι και, μόλις ζεσταθεί, βάζω κουταλιά-κουταλιά από τον χυλό στο τηγάνι.

Τηγανίζω από τη μία μεριά, γυρίζω και από την άλλη. Βάζω τις ομελέτες σε μία πιατέλα, τις περιχύνω με το μέλι, ξύσμα και τα φουντούκια.

Είναι ένα υγιεινό και ωραίο φαγητό για τα παιδιά.

ΥΛΙΚΑ

- 6 αυγά
- 2 κουταλιές αλεύρι για όλες τις χρήσεις
- 4 κουταλιές γάλα
- αλάτι - πιπέρι - πάπρικα γλυκιά
- μέλι
- τριμμένα φουντούκια, ξύσμα λεμονιού
- λάδι για το τηγάνι

Ενότητα 3

Μπαμπάς καταθέτει την εμπειρία του

Εμπνεύστηκε από τη Ρένα, πρόσθεσε τη δική του φαντασία, τα δικά του πιάτα και κόλπα.

ΛΙΧΟΥΔΙΕΣ ΚΑΙ ΜΥΣΤΙΚΑ ΓΙΑ ΠΑΙΔΙΑ ΠΟΥ ΔΕΝ ΤΡΩΝΕ

Προσοχή!

Όχι στον άνηθο

Εμπνευσμένο από το «τοστ μουτράκι» της Ρένας. Στους μεγάλους, η εμφάνιση αρέσει πολύ. Η πρώτη αντίδραση του μικρού ήταν να πετάξει το άνηθο. Γενικά, στα παιδιά δεν αρέσουν οι γκουρμέ διακοσμήσεις με φρέσκα αρωματικά φοιτά, όπως άνηθος, μαϊντανός, κλ.π.

Επομένως, καλύτερα να αφήσουμε τη δημιουργικότητά μας στη διακόσμηση των πιάτων για τους μεγάλους.

Να αποφεύγονται φρέσκα αρωματικά φοιτά για διακόσμηση.

Πέτυχε!

Απλό και σίγουρο

Σε ένα αντικολλητικό τηγάνι ρίχνουμε δύο τρεις σταγόνες λάδι και μόλις «κάψει» το σκουπίζουμε με χαρτί κουζίνας.

Παίρνουμε μία φέτα για ψωμί του τοστ και ανοίγουμε μια τρύπα στη μέση (π.χ. με ένα ποτήρι ή με φορμάκι).

Τηγανίζουμε ελαφριά την μία πλευρά του ψωμιού και περισσότερο την άλλη. Γυρνάμε τη φέτα του ψωμιού στο τηγάνι, ώστε να μας κοιτά η καλοψημένη πλευρά. Δίπλα στη φέτα ψήνουμε καλά και τις δύο πλευρές του κομματιού που αφαιρέσαμε από το κέντρο του ψωμιού.

Ρίχνουμε το αυγό στο κέντρο, όπως κάνουμε με τα αυγά μάτια. Χαμηλώνουμε τη φωτιά και σκεπάζουμε το τηγάνι ώστε να ψηθεί το αυγό καλά.

Προσοχή 1: Ψήνουμε το αυγό όσο σφικτό θέλει το παιδί.

Προσοχή 2: Από το χρόνο ψησίματος του αυγού εξαρτάται το πόσο άψητη θα αφήσουμε την κάτω πλευρά του ψωμιού που ακουμπά στο τηγάνι για να μην καεί το ψωμί.

Ιδέα: Μπορείτε στο κομμάτι του ψωμιού που αφαιρέσατε να βάλετε λίγο τυρί ή και μια φετούλα ντομάτα ή αγγούρι.

> Γρήγορο και εύκολο

Κρέμα βανίλια

Ρίχνουμε όλα τα υλικά κρύα σε μια κατσαρόλα.

Αρχίζουμε να ανακατεύουμε γρήγορα σε σιγανή φωτιά, ώστε να μη σβολιάσει το κορν φλάουρ και να αναμειχθούν τα αυγά. Όσο το μείγμα είναι κρύο, δεν υπάρχει κίνδυνος να «ψηθεί» το αυγό και να σβολιάσει το κορν φλάουρ. Όταν δέσει το μείγμα, ανεβάζω τη φωτιά και συνεχίζω να ανακατεύω συνέχεια και γρήγορα μέχρι να πήξει.

ΥΛΙΚΑ

- 1/2 λίτρο γάλα
- 2 κ.γ. κορν φλάουρ
- 1 αυγό
- 1/2 κούπα τσαγιού ζάχαρη (ή λιγότερη)
- 1 φυσίγγιο βανίλια
- 1 κ.γ. βούτυρο (προαιρετικό)

ΛΙΧΟΥΔΙΕΣ ΚΑΙ ΜΥΣΤΙΚΑ ΓΙΑ ΠΑΙΔΙΑ ΠΟΥ ΔΕΝ ΤΡΩΝΕ

> Μεζές για να φάνε καρότα

Με πιλάφι ή πατάτες

Σε μία κατσαρόλα ρίχνουμε όλα τα υλικά εκτός από το λεμόνι. Προσθέτουμε νερό μέχρι να σκεπαστεί το κρέας. Αφήνουμε το φαγητό να μαγειρευτεί σε χαμηλή φωτιά, μέχρι να μαλακώσει το κρέας και να δέσει η σάλτσα. Αν θέλουμε σφικτή σάλτσα, διαλύουμε 1 κ.γ. κορν φλάουρ στο νερό που ρίξαμε προηγουμένως. Μόλις μαγειρευτεί το φαγητό, το αφήνουμε να κρυώσει και τότε ρίχνουμε το λεμόνι, λίγο αλάτι και πιπέρι.

ΥΛΙΚΑ

- 1/2 κιλό χοιρινό σε κομματάκια
- 1 μεσαίο κρεμμύδι
- 1 κ.σ. μουστάρδα σκόνη
- 1 κ.σ. ρίγανη
- 3 καροτάκια σε ροδέλες
- Χυμός από 1 λεμόνι

> «Αντιγραφές»

Επιθυμητή εμφάνιση

Μία απλή σαλάτα, με μαρούλι, ντοματάκια, λάδι και λεμόνι.

Η διαφορά είναι ότι η εμφάνισή της προσαρμόστηκε σε μία σαλάτα που έφαγε το παιδί σε ένα εστιατόριο και του άρεσε.

Εμείς, απλώς, «αντιγράψαμε» την εμφάνιση. Προσθέσαμε τυρί τριμμένο για μακαρόνια και επειδή δεν είχαμε κρουτόν και χρόνο, βάλαμε κομμάτια από φρυγανιά.

Μία εμφανισιακή αντιγραφή της σαλάτας «Σίζαρς» έκανε αποδεκτή μία απλή και ταπεινή μαρουλοσαλάτα.

ΛΙΧΟΥΔΙΕΣ ΚΑΙ ΜΥΣΤΙΚΑ ΓΙΑ ΠΑΙΔΙΑ ΠΟΥ ΔΕΝ ΤΡΩΝΕ

Σωστό «πλασάρισμα»

Μικρές ποσότητες

Δεν ακολουθήσαμε τη συνταγή της Ρένας για φακή κρέμα.

Προσφέραμε την ίδια φακή που τρώμε όλοι στο σπίτι, αλλά αυτή τη φορά σε μικρή ποσότητα και σε μεγάλα σερβίτσια.

Γεμίσαμε το μπολ μέχρι τη μέση, βάλαμε το μπολ πάνω σε ένα άλλο μεγάλο ρηχό πιάτο. Ο όγκος των σερβίτσιων ήταν δυσανάλογα μεγαλύτερος από την ποσότητα του φαγητού.

Ρίξαμε τριμμένη φέτα γιατί αυτό αρέσει στο παιδί και φτιάξαμε μερικά κρουτόν στην τοστιέρα από μια απλή φέτα ψωμιού.

Τελικά, έφαγε δύο πιάτα. Επομένως, μια κανονική μερίδα.

Τι σου άρεσε σήμερα και έφαγες τη φακή; Ε, δύο κουταλιές ήταν μόνο...

> Μνήμες

Θυμίζει καταστάσεις

Εμπνευσμένοι από τα «μπιφτεκάκια με ψητές ντομάτες» της Ρένας, δημιουργήσαμε ένα πιάτο από κρέας που είχε μείνει από την προηγούμενη ημέρα.

Το κόψαμε κυβάκια, προσθέσαμε μισό ντοματίνι και περάσαμε μια οδοντογλυφίδα.

Στο κέντρο, μία κουταλιά γιαούρτι και πάπρικα για ντεκόρ. Στην άκρη μισή φέτα ψωμί ψημένη στην τοστιέρα.

«Μπαμπά, αυτό μοιάζει με τους μεζέδες που παίρνουμε στη θάλασσα! Πότε θα ξαναφτιάξεισ;»

ΛΙΧΟΥΔΙΕΣ ΚΑΙ ΜΥΣΤΙΚΑ ΓΙΑ ΠΑΙΔΙΑ ΠΟΥ ΔΕΝ ΤΡΩΝΕ

Φαντασία

Ένα μπριάμ που έγινε ...μουσακάς

Όχι πάλι σήμερα μπριάμ με κολοκύθια και ειδικά με αυτές τις μελιτζάνες!

Ο μουσακάς αρέσει, ας έχει μελιτζάνες. Έτσι, παίρνουμε το μπριάμ που περίσσεψε, το βάζουμε σε πυρέξ και από πάνω ρίχνουμε μπεσαμέλ. Το βάζουμε στο φούρνο να ψηθεί η μπεσαμέλ και έτοιμος ο «μουσακάς»!

ΕΥΚΟΛΗ ΜΠΕΣΑΜΕΛ

Στην κατσαρόλα ρίχνουμε όλα τα υλικά κρύα: μισό λίτρο γάλα, 1 αυγό, 1 κ.σ. κορν φλάουρ και ανακατέβουμε γρήγορα για να χτυπηθεί το αυγό και να διαλυθεί το κορν φλάουρ. Ανεβάζουμε τη φωτιά και ανακατεύουμε μέχρι να αρχίζει να πήζει. Προσθέτουμε 1 κ.γ. βούτυρο, αν θέλουμε.

ΡΕΝΑ ΤΗΣ ΦΤΕΛΙΑΣ

> Κατσίκι γιουβέτσι; Μπλιαχ!

Ελάτε να μαγειρέψουμε

Όπως ανέφερε ο παιδίατρος Γιώργος Μουστάκας στην εισαγωγή και τις συμβουλές του, το μαγείρεμα με τους γονείς μπορεί να μετατρέψει την αρνητική προδιάθεση για ένα φαγητό σε θετική.

«Μπαμπά, η μυρωδιά του φούρνου «σπάει μύτες». Πόσο ωραίο χρώμα έχει πάρει το κρέας;»

Πράγματι, αυτό λειτουργεί. Βάλαμε τις ποδιές, ανοίξαμε το βιβλίο συνταγών και μαζί φτιάξαμε το γιουβετσάκι. Τα παιδιά συμμετείχαν σε όλη τη διαδικασία μέχρι το ψήσιμο και το σερβίρισμα.

ΛΙΧΟΥΔΙΕΣ ΚΑΙ ΜΥΣΤΙΚΑ ΓΙΑ ΠΑΙΔΙΑ ΠΟΥ ΔΕΝ ΤΡΩΝΕ

> *Αν είναι πίτσα, τρώμε και λαχανικά*

Πίτσα με λαχανικά

Είναι μια παραλλαγή της πίτσας λαχανικών ή με κιμά της Ρένας.

Αυτή έχει μόνο ζύμη, σάλτσα ντομάτας, και λαχανικά: ντομάτες, κολοκυθάκια, μελιτζάνες και πιπεριές.

Προσθέσαμε τριμμένη φέτα και τη βάλαμε στο φούρνο.

....

Τα κομμάτια ντομάτας ίσως ήταν πλεονασμός αφού υπήρχε σάλτσα πάνω από τη ζύμη.
....

Παραλλαγή

Αντί για σάλτσα ντομάτα βάζουμε κιμά (με ντομάτα) και από πάνω διάφορα τριμμένα τυριά, χωρίς λαχανικά.

Γλυκό ή αλμυρό σνακ

Λουκουμάδες

Σε ένα μπολ, ανακατεύω αλεύρι για όλες τις χρήσεις, κρύο νερό και μαγιά, μέχρι να αποκτήσει μια υφή λίγο πιο σφικτή από το χυλό που φτιάχνουμε για το κουρκούτι. Σκεπάζουμε το μπολ με μία πετσέτα. Μπορούμε να το τοποθετήσουμε κάπου ζεστά, αλλά όχι κάπου που να καίει ή να το βλέπει ο ήλιος. Στο μείγμα, δεν προσθέτω αλάτι.

Μόλις δούμε το χυλό να έχει φουσκώσει και να έχει φουσκάλες, ζεσταίνουμε λάδι σε τηγάνι ή κατσαρολάκι. Μόλις κάψει το λάδι, παίρνουμε ένα κουτάλι της σούπας, το γεμίζουμε με το χυλό και με το δάχτυλο το ρίχνουμε στο καυτό λάδι. Επαναλαμβάνουμε μέχρι να γεμίσει το κατσαρολάκι με μπαλάκια που κολυμπάνε στο λάδι. Μόλις πάρουν ξανθό χρώμα τα βγάζουμε με μια τρυπητή κουτάλα.

Σερβίρονται με τυρί φέτα ή γλυκά με μέλι ή ζάχαρη και κανέλα.

> **Η χαρά της δημιουργίας**

Κλασσικά γεμιστά

Τίποτα το ξεχωριστό. Εγώ κόβω τα καπάκια και δείχνω πως βγαίνει το εσωτερικό από μία ντομάτα και πιπεριά. Τις υπόλοιπες ντομάτες και πιπεριές τις αναλαμβάνουν τα παιδιά με ένα κουτάλι. Σε ένα μπολ έχω βάλει μία κουταλιά της σούπας για κάθε γεμιστό, δύο κουταλάκια ζάχαρη, λίγο αλάτι και πιπέρι, δυόσμο, σκόρδο και ψιλοκομμένο κρεμμύδι. Τα παιδιά ρίχνουν στο μούλτι το εσωτερικό από τα λαχανικά.

Μόλις τελειώσουν, αναλαμβάνω το μούλτι. Τα χτυπάω λίγο, ίσα ίσα να κομματιαστούν. Τα παιδιά παίρνουν τον κάδο του μούλτι και τον αδειάζουν στο μπολ με το ρύζι και ανακατεύουν. Τώρα ήρθε η καλύτερη ώρα. Γεμίζουν τις ντομάτες και τις πιπεριές με κουτάλι της σούπας. Ρίχνουμε λάδι σε κάθε γεμιστό και μετά ταιριάζουμε τα καπάκια τους. Ρίχνουμε στο ενδιάμεσο πατάτες και έτοιμο το ταψί για το φούρνο.

> **Δημιουργική σύνθεση**

Πρωτεΐνη και ίνες

Πάλι αυγά βραστά, αλλά αυτή τη φορά κάπως διαφορετικά.

Σφικτά αυγά, κομμένα στα δύο, με ελίτσες για ματάκια, κόκκινη γλυκιά πιπεριά για στόμα, και καρότα και πράσινες πιπεριές κομμένες σε λωρίδες για μαλλιά.

Το καλύτερο είναι ότι η διακόσμηση έγινε από τα ίδια τα παιδιά, οπότε δεν μπορώ να σας πω το ρόλο από τα ντοματίνια που διακρίνω στη φωτογραφία.

Τα άσπρα που βλέπετε αριστερά και δεξιά είναι ασπράδια από άλλο αυγό.

Γεγονός είναι ότι το πιάτο φαγώθηκε και κάθε φορά φτιάχνουν μια διαφορετική φιγούρα. Έχω δει και αυγά με διακόσμηση χαρταετού!

Το κατόρθωμα εδώ είναι τα παιδιά επιτέλους έφαγαν τα ασπράδια των αυγών, διότι μέχρι τώρα έτρωγαν μόνο τον κρόκο.

> Ενδιαφέρον πείραμα

Μία ωραία αποτυχία...

Το πείραμα αυτό επιβεβαιώνει ότι η συμμετοχή των παιδιών στο μαγείρεμα και τη δημιουργία κάνει θαύματα.

Εδώ πρόκειται για μια αποτυχημένη προσπάθεια για μελομακάρονα. Μιλάμε για τον ορισμό της αποτυχίας.

Δεν τα πετάξαμε. Δώσαμε αυτό το ταψί για να δημιουργήσουν τα παιδιά. Έριξαν πολύχρωμα καραμελάκια και ζάχαρη άχνη.

Το αποτέλεσμα άρεσε πολύ στα παιδιά.

Εμείς, οι γονείς, ακόμα δεν καταλαβαίνουμε πώς τα έφαγαν...

> Η μονοτονία σκοτώνει

Πιτσάκια φατσούλες

Την πίτσα με τον κιμά της Ρένας τη διαβάσατε και τη θυμάστε.

Εδώ είναι μια φτωχή εκδοχή της. Αντί για ζύμη, χρησιμοποιήθηκε ψωμί. Αντί για κιμάς, μπιφτέκια που είχαν μείνει από την προηγούμενη. Τα βάλαμε για λίγο στο φούρνο (η λαμαρίνα ακουμπούσε κάτω στο φούρνο για να ψηθεί το ψωμί).

Τα βγάλαμε και έτσι όπως ήταν ζεστά τα πιτσάκια, προσθέσαμε τυρί του τοστ, το οποίο έλιωσε.

Βάλαμε ελίτσες για ματάκια και σπιτική κέτσαπ για στόμα και διακόσμηση.

Σε ένα μπολάκι έκοψα καρότα και αγγουράκια σε ράβδους και έριξα ξύδι.

Τα βάλαμε στο δίσκο και πήγαμε στο σαλόνι να δούμε την αγαπημένη μας ταινία με αυτό το σνακ.

> Ένα αλλιώτικο πρωινό

Αυγά και φρούτα

Αυτά τα φορμάκια για τα μπισκότα των Χριστουγέννων κάνουν θαύματα. Δίνουν ωραία σχήματα στα αυγά μάτια.

Αυτή τη φορά συνέβαλε και ένα ακόμα γεγονός: Είδαμε το πρωινό αυτό σε ένα ταξίδι μας στο εξωτερικό. Τελικά, για τα παιδιά είναι άλλο να το λένε οι γονείς και άλλο να το βλέπουν να το τρώνε οι φίλοι τους.

Έτσι, αποφασίσαμε να το φτιάξουμε κι εμείς. Και μάλιστα καλύτερο. Όχι μόνο βάλαμε φέτες από πορτοκάλι, ψωμί και βούτυρο, αλλά δώσαμε και σχήμα στα αυγά.

Ιδέες από Χάλογουιν

Μπανάνες με μερέντα, μήλα με κανέλα και μέλι, πορτοκάλι με κανέλα...

Τα παιδιά βαριούνται εύκολα. Εδώ πρέπει να έχεις φαντασία.

Τι θα λέγατε για μπανάνες «φαντασματάκια» και πορτοκάλια ή μανταρίνια «κολοκύθες»;

Ευτυχώς που είχε προηγηθεί ένα πάρτι Χάλογουιν και μάς έδωσε έμπνευση.

Σπιτικά

Χάμπουργκερ για πάρτι

Και τώρα που μεγάλωσα, συμφωνώ ότι πάρτι χωρίς γαριδάκια και αναψυκτικά δεν γίνεται.

Ωστόσο, μπορούμε να προσθέσουμε και κάτι που αρέσει στα παιδιά και να είναι σπιτικό.

Μίνι χαμπουργκεράκια. Παίρνουμε μικρά ψωμάκια, τα κόβουμε στη μέση, βάζουμε σπιτική κέτσαπ, τυρί για τοστ, σπιτικό (λεπτό μπιφτεκάκι, μία φέτα ντομάτα και έτοιμο!

Τα τυλίγουμε με χαρτί κουζίνας και με αλουμινόχαρτο για να βοηθήσουμε τα παιδιά να διαχειριστούν τα υλικά και να μην λερωθούν.

> *Πανεύκολη*

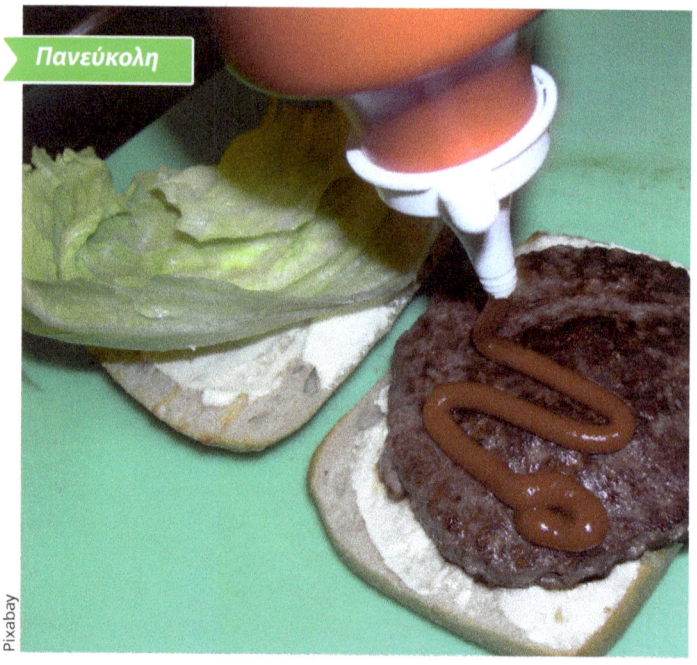

Σπιτική κέτσαπ

Τόσο εύκολο όσο να φτιάξετε μια σάλτσα, αλλά χωρίς κρεμμύδια και σκόρδα.

Σε μια κατσαρόλα, ρίχνετε ένα ποτηράκι του καφέ λάδι, μισό ποτυράκι του καφέ ξύδι, δύο κουταλιές της σούπας ζάχαρη και ένα κουτί τοματοχυμό (περίπου 300 γραμμάρια).

Ανακατεύετε συχνά και βράζετε σε χαμηλή φωτιά μέχρι να φύγουν τα υγρά και να γίνει μία λεία σάλτα. Στο μεταξύ, δοκιμάζετε μήπως θέλει λίγο ακόμα αλάτι, ή πιπέρι ξύδι. Αν σας πέσει παραπάνω ξίδι, προσθέστε τοματοχυμό.

Αφήστε τη σάλτσα να κρυώσει. Τη βάζετε σε βάζο και στο ψυγείο.

Η σάλτσα αυτή διατηρείται για καιρό, διότι το αλάτι, η ζάχαρη και το ξύδι είναι φυσικά συντηρητικά.

> Όταν τίποτα άλλο δεν πιάνει...

Νεροχύτης

Ειδικά στις μικρές ηλικίες, π.χ. 2 ετών, και όταν όλα έχουν αποτύχει και οι αντοχές σας έχουν εξαντληθεί, τότε βάζουμε τα μεγάλα μέσα.

Παίρνουμε ένα παιδικό σκαμπουδάκι, φοράμε στο παιδί μια ρόμπα κουζίνας και του αναθέτουμε να πλύνει πλαστικά πιάτα και ποτήρια για να μας βοηθήσει.

Το σκεπτικό εδώ είναι να το απασχολήσουμε, να το χαλαρώσουμε, αλλά να μην δώσουμε την εντύπωση ότι παίζουμε. Ανιθέτως, κάνουμε δουλειά. Το παιδί βοηθάει τον γονιό στις δουλειές.

Ομως, καθώς το νερό τρέχει σιγά από τη βρύση και το σφουγγάρι αφρίζει, το παιδί επικεντρώνεται στο πλύσιμο και ο γονιός βρίσκει ευκαιρία να το ταΐζει χωρίς να το καταλαβαίνει. Δεν ξέρω αν αυτό το κόλπο πιάνει σε όλους. Σε μας είχε 100% επιτυχία!

Ενότητα 4

Πραγματική ιστορία

Το μαρτύριο του φαγητού και το σχόλιο του ψυχιά-τρου.

ΛΙΧΟΥΔΙΕΣ ΚΑΙ ΜΥΣΤΙΚΑ ΓΙΑ ΠΑΙΔΙΑ ΠΟΥ ΔΕΝ ΤΡΩΝΕ

ΡΕΝΑ ΤΗΣ ΦΤΕΛΙΑΣ

Μαρτυρία

Τέλος στο μαρτύριο του φαγητού ύστερα από... 35 χρόνια

Πως ανέλυσε ένας πατέρας τη δική του δυσκολία με το φαγητό, όταν ήταν παιδί

ΛΕΩΝΙΔΑΣ ΣΤΕΡΓΙΟΥ

Από τη στιγμή που θυμάμαι τον εαυτό μου μέχρι που τελείωσα το Δημοτικό ένιωθα τον ίδιο κόμπο στο στομάχι, αηδία για τα περισσότερα φαγητά κι ένα πραγματικό μαρτύριο την ώρα του φαγητού στο σπίτι. Το πρόβλημα ξεπεράστηκε κατά την εφηβεία, όταν

άλλαξα σχολείο και έκανα νέους φίλους. Η ανάγκη για κοινωνικοποίηση, ένταξη σε μια νέα ομάδα και αποδοχή από τους συμμαθητές μου, ίσως να ήταν οι αιτίες που συνέβαλαν στη λύση. Ίσως να έπιασαν τόπο οι προσπάθειες των γονιών μου ή η δική μου εσωτερική προσπάθεια να ξεπεράσω το πρόβλημα της μιζέριας. Ενδεχομένως, το κλειδί να ήταν η εφηβεία από μόνη της. Ίσως, όλα μαζί.

> *Οι γονείς μου με άφηναν νηστικό μήπως πεινάσω και ζητήσω μόνος μου να φάω. Δεν πεινούσα ποτέ. «Ζούσα με αέρα», όπως έλεγε ο παππούς μου.*

Γεγονός, πάντως, ήταν ότι μέχρι τότε ανήκα στην κατηγορία των παιδιών που, όπως έλεγε ο παππούς μου, «μπορούν να μένουν νηστικά, να μην πεινάσουν ποτέ και να ζουν με αέρα...».

Θα προσπαθήσω να περιγράψω τον εαυτό μου από την πρώτη ημέρα που θυμάμαι τη ζωή μου. Στόχος είναι να μοιραστώ το πώς αισθάνεται ένα υγιές παιδί που δεν θέλει να φάει, έχει ιδιοτροπίες, αλλά κυρίως να δώσω λαβή στους ειδικούς να αποκρυπτογραφήσουν το ψυχολογικό υπόβαθρο του προβλήματος, να εντοπίσουν λάθη, και να συμβουλέψουν τους αναγνώστες - γονείς, με αφορμή τη δική μου ιστορία.

Ενοχές

Μαρτυρούσα τις ώρες του φαγητού και μαζί μου η οικογένειά μου, αλλά κυρίως η μητέρα μου. Ακόμα θυμάμαι τις απέλπιδες προσπάθειές της να

Ακόμα κι αν έτρωγα κάτι που μου άρεσε, μετά έκανα εμετό.

«Μην ασχολείσαι άλλο. Το παιδί δεν έχει τίποτα. Δώσε του να τρώει μόνο αυτά που του αρέσουν και σιγά σιγά θα έρθει η όρεξη και το παιδί θα βρει το δρόμο του».

καταλήγουν στο κενό. Τι ορεκτικά, τι νοστιμιές, τι πατάτες τηγανητές, τι γλυκά! Στην καλύτερη περίπτωση έτρωγα με όρεξη κάτι που μου άρεσε και μετά έκανα εμετό. Χωρίς να το θέλω, χωρίς να έχω αηδιάσει Ερχόταν μόνος του. Και ακόμα θυμάμαι την απελπισία αλλά και την αγάπη της μητέρας μου εκείνες τις στιγμές.

Με είχαν πάει σε όλους τους γιατρούς για να εντοπίσουν πιθανό παθολογικό, κατασκευαστικό ή ψυχολογικό πρόβλημα. Ακόμα θυμάμαι τις επισκέψεις αυτές και τις εξετάσεις. Δεν βρέθηκε τίποτα. Ήμουν απολύτως υγιής. Και οι εξετάσεις αίματος ήταν θαυμάσιες. Δεν μου έλειπε τίποτα. Θυμάμαι μια κομβική κουβέντα που είχε πει ένας θείος της μητέρας μου, Καθηγητής Παιδιατρικής, παππούς μου και παιδίατρός μου. «Μην ασχολείσαι άλλο. Το παιδί δεν έχει τίποτα. Δώσε του να τρώει μόνο αυτά που του αρέσουν και σιγά σιγά θα έρθει η όρεξη και το παιδί θα βρει το δρόμο του. Και κάποτε θα παρακαλάει να του κοπεί η όρεξη για να έχει ωραίο σώμα και να αρέσει στα κορίτσια!».

Δύσκολη εξίσωση

Ωραίο ακούστηκε, αλλά η μητέρα μου είχε μια πρακτική και σημαντική δυσκολία. Δεν μου άρεσε σχεδόν τίποτα. Ούτε πατάτες τηγανητές, ούτε σουβλάκι! Ακόμα θυμάμαι το πως με αηδίαζαν τα λάδια στην πίτα, η οσμή και η εικόνα από τα λίπη στα κρέατα.

Τι έτρωγα

Τι έτρωγα με ευχαρίστηση; Κυρίως γαλακτοκομικά, όπως γάλα, γιαούρτι και τυριά. Ακολουθούσε το αυγό (μόνο εντελώς σφικτό με αλάτι και πιπέρι, ποτέ τηγανητό γιατί μου έμπαινε η ιδέα ότι κάπου θα ξεπροβάλει ένα άψητο ασπράδι—μου θύμιζε μύξα). Μετά ερχόταν το ψωμί που μου άρεσε να το συνδυάζω με τυρί φέτα, με λάδι και με ρίγανη. Η' με βούτυρο και ζάχαρη (σπάνια ή κρυφά γιατί το βούτυρο και η ζάχαρη δεν θεωρούνταν υγιεινές τροφές για παιδιά). Επίσης, μου άρεσαν τα μακαρόνια, χωρίς κρέας. Το πολύ πολύ με σάλτσα ντομάτας και τυρί. Από γλυκά μου άρεσαν μόνο οι κρέμες, τα παγωτά και οι λευκές πάστες (χωρίς αμύγδαλα και φρούτα). Τίποτα σε σοκολάτα.

Γαλακτοκομικά, αυγά, ζυμαρικά λευκά ή με κόκκινη σάλτσα, ψωμί και γλυκά με άσπρη κρέμα, ποτέ σοκολάτα.

Αυτός ήταν ο κατάλογος των φαγητών με τον οποίο έπρεπε να πορευτεί η μητέρα μου. Δεν έτρωγα φρούτα, λαχανικά, κρέας και ψάρι. Εξαιρέσεις ήταν το καλοφτιαγμένο μπιφτέκι της γιαγιάς Ελένης και τα κεφτεδάκια της μητέρας μου. Το μπιφτέκι ήταν γευστικό, ζουμερό, δεν μύριζε κρεατίλα και είχε έντονα τα αρώματα του λεμονιού και της ρίγανης. Αυτό μπορούσα να το

Εξαιρέσεις: το μπιφτέκι της γιαγιάς και τα κεφτεδάκια της μαμάς.

τυλίξω για παράδειγμα σε μια πίτα με γιαούρτι. Το κεφτεδάκι ήταν τραγανό, αφράτο, μύριζε έντονα σκόρδο και δυόσμο, και δεν ήταν μικρό και στεγνό.

Αυτές οι ιδιοτροπίες δεν ίσχυαν όταν έτρωγα έξω από το σπίτι. Είτε, για παράδειγμα, σε κάποια θεία μου είτε σε ταβέρνα. Και τότε ακολουθούσε το σχόλιο από την οικογένεια ότι «το ξένο είναι ωραίο» και ότι «προτιμώ να τρώω αυτά τα παλιοπράματα από τις ταβέρνες και τα εστιατόρια και όχι τα σπιτικά». Αυτό με ενοχλούσε πολύ. Έτσι, αποφάσισα να είμαι δύσκολος και όταν έτρωγα έξω από το σπίτι. Εξάλλου δεν θυμάμαι ποτέ τον εαυτό μου να πεινάει.

Οι ιδιοτροπίες μου δεν ίσχυαν όταν έτρωγα έξω από το σπίτι.

Η σύγκριση και η ...μοσχαροκεφαλή

Περισσότερο όμως με ενοχλούσε το σχόλιο από τον πατέρα μου, του οποίου του άρεσαν παραδοσιακά πιάτα, όπως πατσάς, ποδαράκι, γίδα βραστή, και μοσχαροκεφαλή σούπα. Από αγάπη βέβαια, αλλά ανεπιτυχώς από την άλλη, σύγκρινε το πόσο καλά ξέρει να τρώει αυτός και το πόσο «αποστειρωμένα» ήμασταν εμείς τα παιδιά της πόλης που δεν παραγγέλναμε μοσχαροκεφαλή, αλλά μακαρόνια λευκά ή μπιφτέκια στις ταβέρνες. Πραγματικά ένιωθα προβληματικός. Ειδικά όταν έβλεπα τον μικρότερο αδελφό μου να του αρέσουν αυτά τα παραδοσιακά πιάτα, να τρώει σχεδόν τα πάντα και εγώ να θέλω να κάνω εμετό μόνο που τον έβλεπα να μασάει τα μάγουλα από τη μοσχαροκεφαλή...

Όμως, η συμβουλή του παππού παιδιάτρου, η επιμονή και ο χαρακτήρας της μητέρας μου (της αρέσει και μάχεται για την ελευθερία και το σεβασμό της προσωπικότητας του άλλου) είχαν αποτέλεσμα. Αργό αλλά είχαν.

Η αρχή της λύσης

Η μητέρα μου σταμάτησε να αγχώνεται και να με κυνηγάει να φάω. Το ίδιο επέβαλε στη γιαγιά και, από ό,τι καταλαβαίνω σήμερα, σε όλους, περιλαμβανομένου του πατέρα μου: «Να τρώει ό,τι θέλει, όπως το θέλει, και σε όποιον αρέσει».

Φυσικά, θαύματα δε γίνονται από τη μια μέρα στην άλλη. Ωστόσο, η αλλαγή της όλης φιλοσοφίας, δηλαδή: «στηρίζουμε και υποστηρίζουμε τις ιδιαίτερες προτιμήσεις του Λεωνίδα» είχε αποτέλεσμα σε βάθος χρόνου.

Σταδιακά, αφού είχα χορτάσει με την ησυχία μου τα αγαπημένα μου φαγητά, και ενώ οι άλλοι έτρωγαν αυτά που συνήθιζαν να τρώνε, ξεκίνησα να εμπλουτίζω το διαιτολόγιό μου. Θυμάμαι ότι αρχικά μπήκε το κοτόπουλο, είτε στο φούρνο με πατάτες, είτε σουβλιστό. Μετά εισήλθαν οι

Η αλλαγή της όλης φιλοσοφίας, δηλαδή: «στηρίζουμε και υποστηρίζουμε τις ιδιαίτερες προτιμήσεις του Λεωνίδα» είχε αποτέλεσμα σε βάθος χρόνου.

Πέρασα από πολλές φάσεις «δοκιμής - λάθους» και από πολλά πισωγυρίσματα μέχρι να ολοκληρώσω τον κύκλο των τροφών που με ευχαριστούσαν.

μπριζόλες, χωρίς λίπος. Μετά όλα τα κρέατα, με το λίπος καθαρισμένο με χειρουργική ακρίβεια. Στη συνέχεια ήρθαν τα κοκκινιστά, το μπριάμ, οι μελιτζάνες ιμάμ και παπουτσάκια, τα φρέσκα φασολάκια (κοκκινιστά) και οι φακές. Αργότερα ήρθαν και τα υπόλοιπα εκτός από τις μπάμιες και φυσικά τους πατσάδες, τις μοσχαροκεφαλές και τα ποδαράκια. Αυτά, όπως και το λίπος παραμένουν εκτός του διαιτολογίου μέχρι σήμερα...

Η διαδικασία αυτή δεν ήταν τόσο εύκολη. Πέρασα από πολλές φάσεις «δοκιμής - λάθους» και από πολλά πισωγυρίσματα μέχρι να ολοκληρώσω τον κύκλο των τροφών που με ευχαριστούσαν. Για παράδειγμα, θεωρούσα ότι ήθελα να δοκιμάσω αγκινάρες, αλλά διαπίστωνα ότι δεν μου άρεσαν. Επέστρεφα στις αρχικές μου επιλογές, μέχρι που μια μέρα ξαναδοκίμαζα αγκινάρες και τότε μου άρεσαν. Έτσι, εισέρχονταν τα νέα φαγητά στο διαιτολόγιό μου. Με πολύ αργούς ρυθμούς.

Σήμερα νιώθω άνετος με το φαγητό. Ξέρω τι δεν τρώω και το αποφεύγω. Επίσης, ξέρω τι δεν μου αρέσει πολύ, αλλά κατά περίπτωση μπορεί να το φάω (πχ, μπορώ να ζήσω και χωρίς λουκάνικα). Ξέρω τι μου αρέσει περισσότερο και τι προτιμώ (πχ, προτιμώ τα λαχανικά και το ψάρι από το κρέας). Ταυτόχρονα, γνωρίζω ότι πρέπει να

Σήμερα, έχω ξεπεράσει το πρόβλημα. Τρώω σχεδόν τα πάντα. Ωστόσο, παραμένω λιτοδίαιτος. Δεν τρώω για να φάω. Τρώω για ευχαρίστηση. Αν δεν μπορώ να το απολαύσω είτε γιατί δεν έχω χρόνο είτε γιατί δεν είναι του γούστου μου, προτιμώ να φάω ψωμί και τυρί.

διατηρώ μια ισορροπημένη διατροφή και έτσι τρώω, για παράδειγμα, κρέας, αλλά μόνο έτσι όπως μου αρέσει μαγειρεμένο. Αν δεν είναι του γούστου μου, δεν πειράζει. Τρώω τη σαλάτα μου και κρέας την επόμενη φορά... Παραμένω λιτοδίαιτος και επιλεκτικός στα πιάτα. Δεν τρώω για να φάω. Τρώω για να απολαύσω. Άρα αν δεν μπορώ να απολαύσω το φαγητό μου, είτε λόγω χρόνου είτε λόγω τρόπου μαγειρέματος ή πρώτων υλών, προτιμώ να μη φάω τίποτα ή το ελάχιστο για να κρατηθώ (πχ, τυρί με ψωμί, ένα γιαούρτι, μια σαλάτα, ένα γάλα, κλπ.).

«Αυτοψυχανάλυση»

Για να γράψω την προσωπική μου ιστορία, με την ελπίδα να εμπνεύσω και να βοηθήσω γονείς να καταλάβουν καλύτερα τα «μίζερα» παιδιά τους, έκανα «αυτοψυχανάλυση».

Το πρώτο βήμα ήταν να ξαναθυμηθώ, να περιγράψω και να αναλύσω λεπτομερώς τη δική μου εμπειρία. Πήρα χαρτί και μολύβι και ξεκίνησα να καταγράφω συναισθήματα, συμπτώματα, πιθανές αιτίες, και ποια τεχνική βοήθησε και ποια όχι.

Το δεύτερο βήμα ήταν να κάνω μια «χαρτογράφηση» του «προβλήματος», προσπαθώντας να ξεχωρίσω το πρόβλημα από το σύμπτωμα.

Δημιούργησα τρεις κατηγορίες (ή κύκλους) πιθανών αιτιών και λύσεων. Η κατηγοριοποίηση δεν έγινε βάσει επιστημονικών κριτηρίων, αλλά με βάση όπως την καταλάβαινα εγώ.

Γιατί είχα κόμπο στο στομάχι;

Άγχος

Η πρώτη κατηγορία περιελάμβανε ψυχολογικούς παράγοντες και της έβαλα τον τίτλο «Άγχος». Εδώ προσπάθησα να αναλύσω πιθανές αιτίες που μπορεί να μου δημιουργούσαν τον συνεχή κόμπο στο στομάχι.

Κακομαθημένος ή λιτοδίαιτος και επιλεκτικός;

Συμπεριφορά

Η δεύτερη κατηγορία πήρε το όνομα «Συμπεριφορά» και περιελάμβανε όλα τα στοιχεία που μπορεί να έχει ένας χαρακτήρας και το πώς (μοναδικά) αντιδρά στο περιβάλλον του και σε νέες εμπειρίες. Σε αυτή την κατηγορία ανέλυσα την αδιαφορία μου για το φαγητό και το γιατί οι καλύτερες μέρες της ζωής μου ήταν όταν για κάποιο λόγο αργούσαμε να φάμε ή τρώγαμε κάτι πρόχειρο, πχ μια σαλάτα.

Τα μακαρόνια με κιμά μου αρέσουν. Αλλά τον κιμά τον θέλω με δεμένη κόκκινη σάλτσα, ζουμερό, με υφή βελούδου (όχι «κακαρατζέ»).

Μαγειρική

Η τρίτη κατηγορία πήρε το όνομα «Μαγειρική». Εδώ ενέταξα όλα τα στοιχεία που έχουν να κάνουν με τις γευστικές προτιμήσεις και το πώς «πλασάρεται» το κάθε φαγητό. Για παράδειγμα, τα μακαρόνια με κιμά μου αρέσουν. Αλλά τον κιμά τον θέλω με αρκετή δεμένη σάλτσα, ζουμερό, με υφή βελούδου (όχι «κακαρατζέ», δηλαδή με σβόλους) και πικάντικο. Σε έναν τέτοιο ωραίο κιμά δεν μου αρέσει να προσθέτω τυρί γιατί «κουκουλώνει» τη νοστιμιά της σάλτσας του κιμά και επίσης γίνεται πιο αλμυρός. Άρα, αφού κι εγώ έχω προτιμήσεις, γιατί να μην έχει και ένα παιδί;

Το σχόλιο του ψυχιάτρου

Διαβάζοντας την ιστορία του φίλου Λεωνίδα, δεν μπόρεσα να αποφύγω να φτιάξω στο μυαλό μου την εικόνα του πιτσιρικά, που κάθεται σε ένα τραπέζι, με τον πατέρα του να τρώει την μοσχαροκεφαλή. Ο μικρός Λεωνίδας ενώ θέλει να μοιάσει στον πατέρα του, εντούτοις του φαίνεται βουνό η μοσχαροκεφαλή. Από την άλλη βλέπει τον νεογέννητο αδελφό του σαν απειλή, αφού αυτός πια τραβά όλη την προσοχή της οικογένειας. Το μόνο λοιπόν που μένει στον πανούργο Λεωνίδα είναι να αρνηθεί το φαγητό. Έτσι και αλλιώς η μητέρα του δεν τον άφησε ποτέ να πεινάσει. Με εργαλείο την υπερβολική επιλεκτικότητα στο φαγητό, ο μικρός Λεωνίδας γίνεται και πάλι το επίκεντρο του οικογενειακού ενδιαφέροντος. Γιατροί, εξετάσεις και αποκλειστική κουζίνα για τον μικρό, δύστροπο Λεωνίδα. Ο δεύτερος αδελφός από την άλλη, προσπαθεί να παίξει το καλό παιδί, τρώγοντας μοσχαροκεφαλές.

Ανταγωνισμοί και μάχες κατάκτησης του ενδιαφέροντος και της αγάπης, σε ένα κλειστό σύστημα, που είναι η οικογένεια.

Παύλος Σακκάς, *καθηγητής ψυχιατρικής ΕΚΠΑ*

Ενότητα 5

Συμβουλές

Κόλπα βγαλμένα από τη ζωή με την έγκριση των ειδικών.

Adobe Stock

ΛΙΧΟΥΔΙΕΣ ΚΑΙ ΜΥΣΤΙΚΑ ΓΙΑ ΠΑΙΔΙΑ ΠΟΥ ΔΕΝ ΤΡΩΝΕ

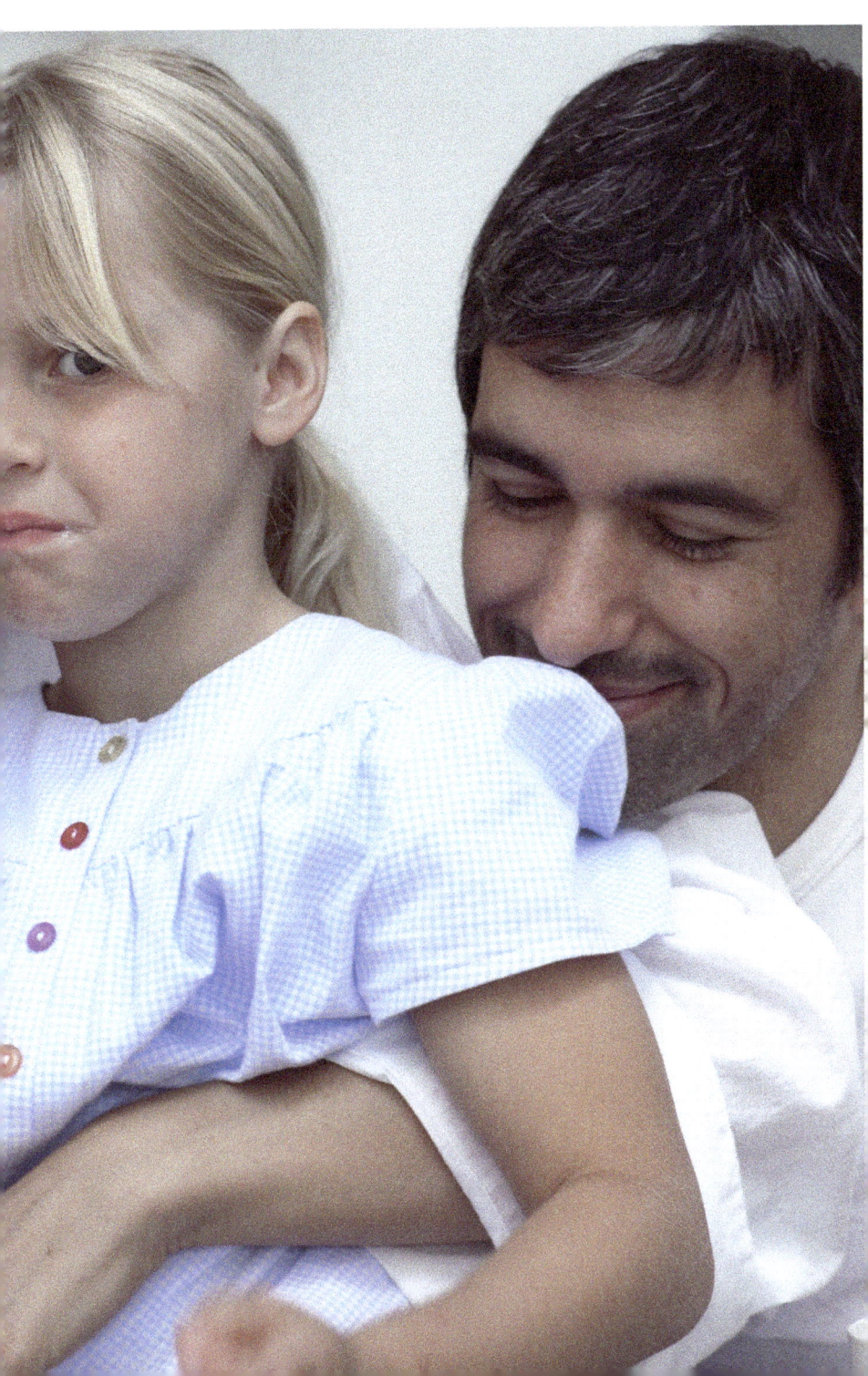

Πρακτικός Οδηγός

15 χρήσιμες συμβουλές

Και άλλες τόσες που πρέπει να βρείτε με τους ειδικούς

1 **Όχι άγχος, υστερία, πανικός. Όχι ενοχές.** Ο γονιός δεν ευθύνεται για τα πάντα, ούτε μπορεί να λύσει τα πάντα, ούτε είναι Θεός. Ο γονιός δεν βρίσκεται υπό συνεχή αξιολόγηση.

Χαλαροί, χαμογελαστοί γονείς που να εμπνέουν εμπιστοσύνη και όχι ανασφάλεια στα παιδιά.

2 **Προσφέρουμε νόστιμα φαγητά σεβόμενοι τις γευστικές προτιμήσεις του παιδιού.** Σε εσάς αρέσουν τα πάντα, όπως κι αν είναι μαγειρεμένα;

Παρουσιάζουμε ωραία τα φαγητά. Γινόμαστε εφευρετικοί. Χρώματα, σχήματα, αλλά και μικρές ποσότητες σε σχέση με το μέγεθος του πιάτου βοηθούν πολύ. Αντί για δύο κουταλιές από το φαγητό σε ένα μικρό πιάτο, βάλτε τες σε ένα μεγάλο και βάλτε και δυο πινελιές από χρώμα (πχ πιπεριά, καρότο) ως γαρνιτούρα. Θα δείτε διαφορά.

3 Τα παιδιά τρώνε και πίνουνε μαζί τους γονείς, έστω και μια φορά την ημέρα ή τουλάχιστον κάποιες μέρες.

4 **Γονείς και παιδιά τρώνε και πίνουν τα ίδια** (εξαίρεση τα μωρά). Αντί για κρασί, τα παιδιά μπορούν να πίνουν λίγο χυμό, ανάλογα με το χρώμα του ποτού των γονιών.

5 **Οι γονείς να απολαμβάνουν και να δείχνουν ότι απολαμβάνουν το φαγητό.** Αν τρώτε και εκείνη την ώρα είστε μέσα στην γκρίνια, τσακώνεστε με τη σύζυγο και τα πεθερικά, μιλάτε στο τηλέφωνο, γιατί να αρέσει αυτή η κατάσταση στο παιδί;

6 **Ρουτίνα, πρόγραμμα, και πειθαρχία.** Ακατάστατα ωράρια, διαφορετικά άτομα που ταΐζουν τα παιδιά, διαφορετικά σπίτια κλπ δεν βοηθούν στη μείωση του άγχους και της ανασφάλειας των παιδιών. Τα παιδιά τρώνε στο ίδιο σημείο, το ίδιο σπίτι, τις ίδιες ώρες και με τα ίδια πρόσωπα. Η ρουτίνα βοηθά τα παιδιά να ελέγχουν το άγχος.

7 **Δεν συνδέουμε το φαγητό με φόβο, τιμωρία, επιβράβευση** (δώρα, παιχνίδια, βόλτες κλπ) και με παιχνίδια την ώρα του φαγητού.

Δίνουμε κίνητρα με τρόπο ώστε να μην καταλάβει το παιδί ότι αποτελούν επιβράβευση για το ότι έφαγε.

Επιβράβευση προκύπτει μόνο από την ευχαρίστηση της γεύσης και του φαγητού.

 **Διεγείρουμε την όρεξη και το μηχανισμό επιβράβευσης** δίνοντας που και που κάτι λαχταριστό, ας μην θεωρείται και τόσο υγιεινό (πχ, ένα κομμάτι πίτσα ή γλυκό ή κάτι που τους αρέσει).

 Όλα με μέτρο, ισορροπία και συνέπεια.

Κάποιες «κακές» τροφές ή συστατικά μπορεί να μην θεωρούνται υγιεινά αλλά δεν είναι και δηλητήρια. Όπως είπαμε, όλα με μέτρο και φυσικά με καθοδήγηση από ειδικούς.

 **Αναζητούμε με τη βοήθεια των ειδικών το «κόστος» και το «όφελος» από τις επιλογές μας.** Κάθε απόφαση και τεχνική πρέπει να έχει

ένα στόχο και μια στρατηγική. Κοιτάμε τα καλά να είναι περισσότερα από τα κακά. Στα καλά περιλαμβάνεται και η ψυχική ισορροπία, η ευχαρίστηση, η χαλάρωση, η εκπαίδευση, και η δημιουργία ωραίων αναμνήσεων με τους γονείς. Κάποιες φορές, τα καλά αυτά αντισταθμίζουν για παράδειγμα τα κακά από τη ζάχαρη, ένα αλλαντικό, ή λίγο αλάτι παραπάνω.

11 **Εκπαιδεύω το παιδί μου να μαθαίνει, να βάζει όρια, να πειραματίζεται, να ξεχωρίζει το κακό από το καλό, το κακό από το επικίνδυνο και από το κάκιστο, αλλά και να προφυλάσσεται από τους κινδύνους.**

Τα μηνύματα πρέπει να είναι ξεκάθαρα και απλά προς το παιδί. Θα πρέπει να στέλνονται και να διατυπώνονται ανάλογα με την ηλικία του και τον χαρακτήρα του. Αποτελεσματικό μήνυμα είναι αυτό που λαμβάνεται από τον δέκτη και εκλαμβάνεται (αποκωδικοποιείται) σωστά. Δεν επιτρέπουμε παρεμβολές από το περιβάλλον.

12 **Μαθαίνω και ασχολούμαι με το παιδί μου.** Ελάτε στη θέση του. Θυμηθείτε τον εαυτό σας και το πώς βλέπατε τον κόσμο όταν ήσαστα μικροί.

13 **Η ζωή είναι ωραία.** Την απολαμβάνουμε. Τρώμε μαζί, πίνουμε μαζί, βλέπουμε τηλεόραση μαζί, παίζουμε, πάμε ταξίδια. Στεναχωριόμαστε μαζί, ξαναγελάμε μαζί. Είμαστε ομάδα και αγαπημένοι. Ας το απολαύσουμε. Κι αν δεν έρθει κάτι καλό σήμερα, θα έρθει αύριο. Αλλά πρέπει να είμαστε έτοιμοι για να το δούμε και να το αρπάξουμε.

14 **Εκπαίδευση γονιού. Διάβασμα και συζήτηση με ειδικούς.**

15 **Αγάπη, φροντίδα, επικοινωνία, ζεστασιά, ασφάλεια, δημιουργικότητα, και πολλές αγκαλιές!**

Βιβλιογραφία

Allen, K.L., Byrne, S.M. and Crosby, R.D. (2015). Distinguishing Between Risk Factors for Bulimia Nervosa, Binge Eating Disorder, and Purging Disorder. *Journal of Youth and Adolescence* 44:1580–1591.

Altinyazar, V. and Maner, F. (2014). Eating disorders and psychosis. *Anatolian Journal of Psychiatry*

American Psychiatric Association (APA) (2013). Feeding and Eating Disorders Fact Sheet. *Diagnostic and Statistical Manual of Mental*+ Disorders (DSM-5)*:1–2.

B.M., P. and S.R., W. (2002). Interventions for preventing eating disorders in children and adolescents. *Cochrane database of systematic reviews*

Barton, R. and Nicholls, D. (2008). Management of eating disorders in children and adolescents. *Psychiatry* 7:167–170.

Başkale, H. and Bahar, Z. (2011). Outcomes of nutrition knowledge and healthy food choices in 5- to 6-year-old children who received a nutrition intervention based on Piaget's theory. *Journal for Specialists in Pediatric Nursing* 16:263–279.

Blissett, J. and Haycraft, E. (2011). Parental eating disorder symptoms and observations of mealtime interactions with children. *Journal of Psychosomatic Research* 70:368–371.

Blodgett Salafia, E.H., Jones, M.E., Haugen, E.C. and Schaefer, M.K. (2015). Perceptions of the causes of eating disorders: A comparison of individuals with and without eating disorders. *Journal of Eating Disorders* 3.

Bravender, T., Bryant-Waugh, R., Herzog, D., Katzman, D., Kriepe, R.D., Lask, B., Le Grange, D., et al. (2010). Classification of eating disturbance in children and adolescents: Proposed changes for the DSM-V. *European Eating Disorders Review* 18:79–89.

Bryant-Waugh, R. and Watkins, B. (2015). Feeding and eating disorders. In: *Rutter's Child and Adolescent Psychiatry: Sixth Edition*. pp. 1016–1034.

Bydlowski, S., Corcos, M., Jeammet, P., Paterniti, S., Berthoz, S., Laurier, C., Chambry, J., et al. (2005). Emotion-processing deficits in eating disorders. *International Journal of Eating Disorders* 37:321–329.

Campbell, K. and Peebles, R. (2014). Eating Disorders in Children and Adolescents: State of the Art Review. *PEDIATRICS*

Cassin, S.E. and Von Ranson, K.M. (2005). Personality and eating disorders: A decade in review. *Clinical Psychology Review* 25:895–916.

Chatoor, I. and Khushlani, D. (2006). Eating disorders. In: *Handbook of Preschool Mental Health: Development, Disorders, and Treatment*. pp. 115–136.

Cimino, S., Cerniglia, L. and Paciello, M. (2015). Mothers with Depression, Anxiety or Eating Disorders: Outcomes on Their Children and the Role of Paternal Psychological Profiles. *Child Psychiatry and Human Development* 46:228–236.

Couturier, J. and Rutherford, L. (2007). A Review of Psychotherapeutic Interventions for children and adolescents with eating disorders. *Journal of the Canadian Academy of Child and Adolescent Psychiatry*

Cruchet, S., Lucero, Y. and Cornejo, V. (2016). Truths,

Myths and Needs of Special Diets: Attention-Deficit/ Hyperactivity Disorder, Autism, Non-Celiac Gluten Sensitivity, and Vegetarianism. *Annals of Nutrition and Metabolism* 68:43–50.

Dovey, T.M., Staples, P.A., Gibson, E.L. and Halford, J.C.G. (2008). Food neophobia and 'picky/fussy' eating in children: A review. *Appetite* 50:181–193.

Eddy, K.T., Le Grange, D., Crosby, R.D., Hoste, R.R., Doyle, A.C., Smyth, A. and Herzog, D.B. (2010). Diagnostic Classification of Eating Disorders in Children and Adolescents: How Does DSM-IV-TR Compare to Empirically-Derived Categories? *Journal of the American Academy of Child and Adolescent Psychiatry* 49:277–287.

Eddy, K.T., Novotny, C.M. and Westen, D. (2004). Sexuality, personality, and eating disorders. *Eating Disorders* 12:191–208.

El-Radhi, A.S. (2015). Appropriate care for children with eating disorders and obesity. *British Journal of Nursing* [Online] 24:518–522.

Elran-Barak, R., Sztainer, M., Goldschmidt, A.B. and Le Grange, D. (2014). Family meal frequency among children and adolescents with eating disorders. *Journal of Adolescent Health* 55:53–58.

Equit, M., Pälmke, M., Becker, N., Moritz, A.-M., Becker, S. and von Gontard, A. (2013). Eating problems in young children -- a population-based study. *Acta paediatrica (Oslo, Norway : 1992)*

Fitzpatrick, K.K., Lesser, J., Brandenburg, B. and Lesser, J. (2011). Addressing low self-esteem in adolescents with eating disorders. *Adolescent Psychiatry*

Forsberg, S. and Lock, J. (2015). Family-based Treatment

of Child and Adolescent Eating Disorders. *Child and Adolescent Psychiatric Clinics of North America* 24:617–629.

Friederich, H.C., Wu, M., Simon, J.J. and Herzog, W. (2013). Neurocircuit function in eating disorders. *International Journal of Eating Disorders* 46:425–432.

Goodier, G.H.G., McCormack, J., Egan, S.J., Watson, H.J., Hoiles, K.J., Todd, G. and Treasure, J.L. (2014). Parent skills training treatment for parents of children and adolescents with eating disorders: A qualitative study. *International Journal of Eating Disorders*

Grange, D. le and Loeb, K.L. (2007). Early identification and treatment of eating disorders: prodrome to syndrome. *Early Intervention in Psychiatry*

Hall, H. (2014). Food Myths. Skeptic [Online] 19:10–19.

Harrison, A., Sullivan, S., Tchanturia, K. and Treasure, J. (2010). Emotional functioning in eating disorders: Attentional bias, emotion recognition and emotion regulation. *Psychological Medicine* 40:1887–1897.

Hudson, L.D. and Court, A.J. (2012). What paediatricians should know about eating disorders in children and young people. *Journal of Paediatrics and Child Health* 48:869–875.

Kass, A.E., Kolko, R.P. and Wilfley, D.E. (2013). Psychological treatments for eating disorders. *Current Opinion in Psychiatry* 26:549–555.

Kennedy, E. (1996). Healthy meals, healthy food choices, healthy children: USDA's team nutrition. In: *Preventive Medicine*. pp. 56–60.

Knez, R., Munjas, R., Petrovečki, M., Paučić-Kirinčić,

E. and Peršić, M. (2006). Disordered eating attitudes among elementary school population. *Journal of Adolescent Health* 38:628-630.

Lesser, L.I., Mazza, M.C. and Lucan, S.C. (2015). Nutrition myths and healthy dietary advice in clinical practice. American Family Physician 91:634-638.

Mairs, R. and Nicholls, D. (2016). Assessment and treatment of eating disorders in children and adolescents. *Archives of Disease in Childhood* 101:1168-1175.

Mayo Clinic Staff (2013). Nutrition and healthy eating. *Mayo Clinic*

Nadon, G., Feldman, D.E., Dunn, W. and Gisel, E. (2011). Association of Sensory Processing and Eating Problems in Children with Autism Spectrum Disorders. *Autism Research and Treatment*

Ogata, B.N. and Hayes, D. (2014). Position of the academy of nutrition and dietetics: Nutrition guidance for healthy children ages 2 to 11 years. *Journal of the Academy of Nutrition and Dietetics* 114:1257-1276.

Ricca, V., Rotella, F., Mannucci, E., Ravaldi, C., Castellini, G., Lapi, F., Cangioli, L., et al. (2010). Eating behaviour and body satisfaction in mediterranean children: the role of the parents. *Clinical practice and epidemiology in mental health : CP & EMH* 6:59-65.

Sierksma, A. and Kok, F.J. (2012). Beer and health: From myths to science. European Journal of Clinical Nutrition 66:869-870.

Vinci, D.M. (2005). Nutrition Myth Busters. Athletic Therapy Today [Online] 10:48-49.

www.ingramcontent.com/pod-product-compliance
Lightning Source LLC
Chambersburg PA
CBHW042115100526
44587CB00025B/4066